Lazare ***

# École d'Application de l'Artillerie et du Génie.

# Cours de Fortification Permanente.

## 2ᵉ Partie.

## 3ᵉ Section.

# Détails des Cuirassements employés dans la Fortification.

## Par

## le Capitaine du Génie Simoutre
### Professeur-Adjoint.

# Texte.

### 2ᵉ Édition.
### Février 1892.

Lithographie de l'École d'Application de l'Artillerie et du Génie.

# Documents et Ouvrages consultés.

Cours antérieurs de Fortification de l'École d'Application.
Cours de Fortification de l'École supérieure de Guerre.
Revue Militaire de l'Étranger.
Revue d'Artillerie.
Revue du Génie.
Le Génie Civil.
La Nature.
La Science Illustrée.
Major Schumann : Affûts cuirassés.
Général Brialmont : La Fortification du temps présent.
    _ id _       : Influence du tir plongeant et des obus-torpilles sur
                  la Fortification.
    _ id _       : Les Régions fortifiées.
Général Pierron : Méthodes de Guerre, 2ᵉ Édition, Tome 1ᵉʳ - 2ᵉ Partie. Appendice.
Notices spéciales et dessins de diverses usines métallurgiques.

# Cours de Fortification Permanente.

## 2e Partie. — 3e Section.

## Détails des Cuirassements employés dans la Fortification.

Nous adopterons pour cette étude la même division chronologique suivie dans les deux premières sections et nous examinerons :

1ère Partie : Emploi des cuirassements avant 1885.
2ème Partie : Emploi des cuirassements après 1885.

L'étude des cuirassements avant 1885 comporte deux phases ;

1re Période de 1874 à 1881, caractérisée par les expériences de Gâvres.

2e Période de 1881 à 1885, caractérisée par les expériences faites par l'industrie privée sur la fonte dure et divers métaux, à l'aide de nouveaux projectiles de rupture en acier, etc, et close par les expériences de Bucharest.

Enfin l'étude des cuirassements après 1885 est caractérisée par les expériences récentes faites à la suite de l'apparition des obus-torpilles, notamment par celles du Camp de Châlons.

# Chapitre I.er

## Des Cuirassements avant 1885.

Historique rapide de la question.    Nous avons vu (2.e Partie, 1.ère Section) quel était dans la période de 1870 à 1885 le mode habituel d'installation de l'Artillerie dans la Fortification : pièces à ciel ouvert sur les remparts entre traverses, ou pièces sous casemates pour tir indirect, à l'exclusion presque complète du tir direct sous casemates du genre Haxo, auxquelles on avait dû en général renoncer, en raison de leur trop facile destruction.

Mais là ne se borna pas exclusivement l'organisation de l'Artillerie de combat dans tous les ouvrages. En effet, on ne tardait pas à reconnaître que la protection tant du personnel que du matériel concentré sur les remparts était loin d'être assurée en toutes circonstances soit par le parapet contre les coups directs, soit par les traverses contre les coups d'enfilade. On constatait bien avant 1885 que les emplacements organisés à ciel ouvert pour l'Artillerie ne sauraient suffisamment garantir les servants sur les plateformes contre les effets devenus très-redoutables du tir plongeant et en particulier du tir courbe à shrapnels, dont les gerbes d'éclatement peuvent atteindre les hommes et le matériel, malgré le parapet et les traverses.

jusque sous des inclinaisons de 50° à 60°.

Sur certaines positions d'une importance particulière, il était nécessaire de conserver des pièces aussi longtemps que possible, jusqu'à la fin de la lutte, pour ainsi dire, et le mode d'occupation adopté, même sur affûts à éclipse, dont on va parler, ne garantissait pas la conservation de ces quelques pièces.

Immédiatement après 1870, on avait en effet proposé de protéger le matériel par l'emploi d'affûts à éclipse avec lesquels les pièces tireraient à barbette et s'abaisseraient derrière le parapet aussitôt après le tir. Divers engins de ce genre, tels que l'affût Moncrieff en Angleterre, avaient été essayés sans beaucoup de succès ; cette solution était insuffisante contre les effets des shrapnels et du tir vertical.

Pour garantir le personnel et le matériel d'Artillerie aussi bien contre les coups verticaux que contre les coups directs ou d'enfilade et donner au feu de l'Artillerie de la défense à la fois son maximum d'action et de durée, on eut l'idée toute naturelle de recourir à l'emploi de carapaces convenablement à l'épreuve, dans lesquelles les pièces et leurs servants seraient enfermés de toutes parts ; l'emploi du fer s'introduisit ainsi dans la fortification.

Déjà avant 1870, à l'étranger, on avait songé à améliorer le type des anciennes casemates Haxo en remplaçant la voûte antérieure et le blindage de la tête par un blindage métallique, et l'on a vu, dans la 1ère Partie du Cours,[1] que c'est dans cet ordre d'idées qu'avait été établi le type de batterie blindée proposé

---

[1] Voir: Principes de la Fortification.

dès 1866 par le Capitaine Schumann du Génie prussien.

Cette question des batteries blindées ou plutôt cuirassées fut reprise après 1870 et donna lieu à de nombreuses études et expériences tant en France qu'à l'Étranger ; on préconisa en outre l'emploi de tourelles cuirassées tournantes qui avaient fait leur apparition dès 1861 dans la marine, lors de la guerre de Sécession, et avaient reçu sur terre, avant 1870, une première application dans les fortifications d'Anvers.

En France, la question de l'emploi des cuirassements dans la fortification se posa après 1870 : la Commission de 1874 chargée d'arrêter les principes à suivre dans la construction des nouveaux ouvrages de défense, émit l'avis d'y établir un certain nombre de pièces sous casemates cuirassées (dans la proportion de 1/4 ou 1/5 de l'armement du cavalier) ; mais il régnait encore à ce moment une réelle incertitude au sujet des cuirasses et des affûts convenables à employer.

C'est alors que sur l'ordre du Ministre, une Commission connue sous le nom de Commission de Gâvres [1] fut instituée en vue d'étudier la question des cuirassements dans les ouvrages de fortification ; ses travaux se poursuivirent de 1874 à 1878.

Cette Commission avait comme bases de renseignements les résultats des expériences de tirs exécutés sur les blindages des navires cuirassés depuis 1855.

Mais le problème des cuirassements n'est pas le même sur mer et sur terre.

Sur mer : le but est essentiellement mobile et par suite



---

[1] Gâvres, près de Lorient.

ne se prête pas à la superposition des coups; c'est donc d'un seul projectile qu'on doit attendre un effet considérable et pour y parvenir, on est conduit à l'emploi d'un projectile très-pesant et animé d'une grande vitesse. De là l'usage de canons de très-gros calibre, d'un poids énorme que l'on ne saurait donner qu'aux pièces des batteries fixes (batteries de côte ou de place) ou aux bouches à feu portées par les navires.

Dans le tir contre les cuirassements terrestres au contraire, le but, s'il n'est pas toujours immobile, n'est jamais susceptible que d'un faible déplacement (mouvement de rotation autour de son axe, ou de va-et-vient, et d'une amplitude déterminée); il se prête donc en général à la superposition des coups et comme les nécessités du transport imposent un maximum au poids du matériel de siège, les effets destructeurs sont obtenus par l'accumulation des coups.

## § 1er. Première période (de 1874 à 1881). Commission de Gâvres).

### I. Première série d'expériences. Fer laminé.

L'attention de la Commission de Gâvres se porta d'abord sur l'étude de cuirassements fixes à disposer comme blindage en tête des casemates à canons.

1º. Nécessité d'un matelas d'interposition entre la plaque de blindage et la maçonnerie d'appui. — Antérieurement aux expériences de Gâvres, un premier essai fait au fort Liédot sur une casemate du genre Haxo, dont la tête était couverte par une plaque métallique directement appuyée contre la maçonnerie, avait montré la nécessité, pour éviter la désagrégation de la maçonnerie sous le choc, d'interposer entre elle et la plaque un matelas élastique convenable empêchant la propagation des vibrations.



Après divers essais infructueux des divers matelas connus (fers en U, ou bois de teck, etc.) la Commission de Gâvres reconnut et adopta comme meilleur matelas le sable pur siliceux, damé à sec et tassé, dont les avantages sont: grande résistance au choc des projectiles et à leur pénétration, économie et incorruptibilité. — Puis vint la question du métal.



Les expériences portèrent de 1874 à 1876 (1ère Série) sur le fer laminé, puis à partir de 1876 (2e Série) sur la fonte dure; nous verrons plus loin que l'on devait ensuite renoncer à la fonte dure pour essayer divers fers et aciers et finalement revenir dans ces dernières années au fer laminé, auquel on paraît, jusqu'à présent du moins, décidé à donner la préférence.

Dans les expériences sur le fer laminé, on constata que l'épaisseur à donner aux plaques dans le cas de coups superposés ne pouvait se déduire des formules établies en vue de résister simplement à la perforation du métal par un seul projectile, l'épaisseur en effet doit être notablement supérieure.



Dans tout cuirassement, la plaque de blindage antérieure est précisément percée d'un sabord ou embrasure pour l'exécution du tir.

Il est indispensable, surtout quand il s'agit de cuirassements fixes, comme les casemates cuirassées, de se prémunir contre les coups d'embrasure, qui, bien peu probables dans le tir en mer sont au contraire si redoutables dans les cuirassements terrestres, par suite de la superposition possible des coups. L'embrasure toujours visible constitue en effet une partie faible; un projectile venant à l'atteindre y produit une éraflure dont les

éclats joints à ceux du projectile, peuvent être projetés à l'intérieur de la casemate.

**1° Réduction de l'embra-
sure à son minimum**

Pour atténuer le danger des coups d'embrasure, il importe
tout d'abord de réduire cette ouverture au minimum en adoptant des affûts réalisant autant que possible la rotation de la
pièce autour de la bouche.

**2° Protection de l'embra-
sure par un obturateur**

Néanmoins le sabord, si réduit qu'il soit, existe toujours, et
les effets de dislocation produits par le choc des projectiles ne sont pas
limités au point d'impact, mais peuvent s'étendre autour de
l'embrasure sur une couronne dont la largeur peut atteindre
le calibre du projectile ainsi qu'on l'a constaté. On en conclut
la nécessité pour les cuirassements fixes de renforcer cette partie
et de la protéger, quand la pièce est au repos, par un obturateur
métallique, à manœuvre rapide.

**Observation**

Enfin, par suite du jeu ménagé entre l'embrasure et le canon,
on crut devoir établir la bouche de la pièce en saillie d'au
moins 0^m 15 en dehors de l'embrasure, afin d'empêcher les effets du souffle ou du vent de la pièce de se faire sentir et la fumée de rentrer à l'intérieur de la casemate. [1]

**Adoption provisoire
d'un type de casemate
en fer cuirassée contre
le canon de campagne.**

Après deux années d'expériences et en attendant les conclusions définitives de la Commission, on adopta à titre provisoire, un
modèle de casemate en fer (proposé par M. le Capitaine du Génie
Mougin), destiné à résister seulement au canon de campagne,
et l'on en établit dans quelques forts de la H^te Moselle, c'est-à-
dire dans un pays de montagne, où les communications étant
difficiles, on supposait que l'ennemi ne pourrait sans doute mettre
en batterie que des canons de Campagne.

---

[1] Nous verrons qu'après 1885, on dut renoncer à cette saillie de la bouche à feu.

## II. — 2ᵉ Série d'expériences. — Fonte dure.

Tel était l'état de la question, lorsqu'en 1876, la Commission entreprit d'expérimenter un nouveau métal, la fonte dure, très-préconisée en Allemagne par l'usine Grüson.[1]

On appelle fonte dure une fonte spéciale qui tient le milieu, par son degré de carburation, entre les fontes ordinaires et les aciers extra-vifs. Mais ses principales propriétés proviennent de ce qu'elle est moulée en coquille, c'est-à-dire dans un moule, constitué du côté de la face externe de la pièce à couler par une masse de fonte ordinaire plus épaisse que cette pièce.

Il en résulte un refroidissement rapide de la couche extérieure en contact avec cette coquille, et par suite une sorte de trempe, d'où une très-grande dureté superficielle du métal.

En Allemagne, Grüson expérimentait le premier, dès 1868, un procédé de fabrication de cette fonte et l'appliquait après 1870 à la construction d'ouvrages cuirassés à l'embouchure du Weser. En France, on s'était tout d'abord borné à la fabrication de boulets de rupture en fonte dure.

La Commission de Gâvres s'adressa à l'industrie française pour la fabrication de plaques d'essai dites « voussoirs de coupole », en fonte dure, destinées à des cuirassements.

Raisons de la préférence accordée alors à la fonte dure sur le fer laminé.

Grâce à la grande dureté de la couche trempée, les meilleurs projectiles de rupture de l'époque (en acier coulé ou en fonte dure) se brisaient au choc, tandis qu'ils pénétraient dans le fer laminé; d'ailleurs, on ne savait pas fabriquer ce dernier métal autrement

---

(1) de Buckau, près de Magdebourg.

qu'en plaques d'épaisseur très-limitée qu'il eût été fort difficile d'assembler convenablement en les plaçant jointivement pour obtenir une résistance suffisante contre le canon de siège, tandis qu'avec la fonte, on pouvait en augmentant l'épaisseur, obtenir une ténacité d'ensemble encore suffisante contre la rupture. En outre, la fonte dure est sensiblement plus économique que le fer laminé.

Mais ce qui séduisit surtout la commission, c'est la grande facilité de l'emploi du métal en fonte dure, qui, par le moulage, peut recevoir les formes les plus diverses, notamment les formes fuyantes si favorables aux ricochets, et permet d'obtenir des épaisseurs variables en chaque point, suivant le degré de résistance à obtenir contre les coups. Au contraire, les procédés de laminage du fer ne permettaient d'obtenir que des plaques planes ou en forme de surface développable.

Emploi du béton de ciment.

Indépendamment de la question du métal, la Commission fut amenée, et cela dès la 1ère série d'expériences, à étudier le remplacement de la maçonnerie par une matière plus homogène et plus résistante, le béton de ciment, sur lequel elle fit des expériences comparatives avec la maçonnerie. Elle n'hésita pas à en proposer l'emploi à l'exclusion de la maçonnerie, dans tout dispositif ayant à supporter plus ou moins directement l'action d'un tir répété.

Elle constata en outre que la résistance à la dislocation d'un massif en béton de ciment pouvait être augmentée notablement, en l'enveloppant d'une chemise en tôle dont l'effet est d'offrir une première résistance à la pénétration et en outre de s'opposer à la chute des fragments de béton détachés par le choc.

*Terrassements:*  
*supériorité du sable.*

Enfin elle fit des études comparatives de résistance à la pénétration des projectiles et au dérasement sur des parapets en terres de diverses natures ou en sable. Elle constata ainsi, que 6ᵐ d'épaisseur de sable équivalent sensiblement à 9 ou 10 mètres de terre argileuse, et conclut en proposant l'adoption exclusive du sable pour l'exécution des terrassements destinés à supporter un tir très-soutenu, tels que les massifs protégeant les toitures, les côtés et le pied des ouvrages cuirassés.

*Divers modèles d'ou-*  
*vrages cuirassés en*  
*fonte dure.*

En résumé, à la suite de cette 2ᵐᵉ série d'expériences, la Commission fit adopter la fonte dure, le béton de ciment et le sable pour l'exécution des ouvrages cuirassés et présenta pour ceux-ci 3 modèles en fonte dure, savoir :

1° Une casemate cuirassée contre le canon de campagne (non exécutée);

2° Une casemate cuirassée contre le canon de siège ;

3° Une tourelle cuirassée contre le canon de siège.

Ces deux derniers modèles ont seuls reçu leur application dans un certain nombre de nos ouvrages de défense (indépendamment du type de casemate cuirassée en fer laminé contre le canon de Campagne, antérieurement adopté).

*Insuffisance actuelle*  
*de ces engins.*

Depuis l'emploi de nouveaux projectiles de rupture, (en acier martelé, trempé et recuit, ou en acier chromé) qui ont fait leur apparition bien avant 1885, et sans parler des effets tout spéciaux des obus-torpilles, ces divers engins cuirassés sont devenus insuffisants comme résistance. Comme ils existent cependant, sont encore en service et peuvent d'ailleurs être utilisés au moins pendant quelque temps au début d'un siège, il importe de les connaître. Nous nous bornerons à en donner une description très-succincte.

# III. – Description sommaire des cuirassements antérieurs à 1885, mis en service en France.

## Casemates cuirassées.

Les casemates cuirassées dérivent de la casemate Haxo, dont la tête de voûte est protégée par un blindage métallique; l'embrasure pratiquée dans la plaque de blindage antérieure est fermée par un obturateur mobile (à disque ou à verrou), démasquant à volonté l'ouverture, pour la mise en batterie de la pièce.

### a. Casemate cuirassée en fer laminé contre le canon de campagne. (fig. 1)

La casemate et son blindage.

La casemate est formée de voûtes en béton de ciment recouvertes de sable, comprenant une première voûte cylindrique transversale se raccordant avec une voûte conique longitudinale précédée elle-même d'un arceau antérieur surbaissé. A l'arrière, la première voûte se relie à la galerie d'accès; elle est surmontée d'une large cheminée tronconique inclinée, destinée à l'éclairage et à la ventilation.

A la tête de la voûte antérieure est fixé un coffrage en tôle plein de sable de 0m 30 d'épaisseur formant matelas élastique, interposé entre la maçonnerie de béton et la plaque de cuirasse. Cette plaque verticale en fer laminé de 0m 15 d'épaisseur, reliée à la maçonnerie par de forts boulons, est protégée latéralement par deux caissons en tôle remplis de béton de ciment qui recouvrent ses extrémités et limitent ainsi la partie directement exposée, tout en ménageant à l'embrasure un champ de tir latéral de 60°.

Le ciel de la casemate insuffisamment protégé par un talus en sable est renforcé dans le voisinage de la tête par des plaques en fer de 0$^m$,05 à 0$^m$,10 d'épaisseur, qui sont boulonnées sur la voûte et recouvrent l'extrados avec interposition d'un matelas de sable de 0$^m$,10; ces plaques sont prolongées jusqu'à ce qu'elles soient recouvertes d'une épaisseur de 1 mètre de sable comptée perpendiculairement au talus.

Le pied de la plaque de cuirasse est protégé en avant contre les affouillements par une plongée en béton de ciment inclinée à $\frac{1}{10}$, de 1$^m$,20 environ d'épaisseur verticale et de 2$^m$,00 de largeur horizontale dont l'extrémité antérieure se brise suivant une inclinaison de 30° [1] celle-ci est elle-même précédée d'un parapet en sable ayant une inclinaison de $\frac{1}{10}$.

Enfin des terrassements en sable protègent les côtés et la partie antérieure de la construction.

L'embrasure.  L'embrasure, percée dans la plaque de cuirasse, a la forme tronconique; elle est à section elliptique aussi restreinte que possible et assure à la pièce un champ de tir latéral de 60°.

L'obturateur à disque.  L'obturateur est un disque en fer laminé de même épaisseur que la plaque de cuirasse, porté en équilibre indifférent, par un axe horizontal, et se mouvant parallèlement à la plaque. Ce disque est percé de 2 sabords ouverts sur un même diamètre et

---

[1] Épaisseur normale au talus : 0$^m$,60 à 1$^m$,00.

de chaque côté du centre ; si ce diamètre est vertical, un des sabords du disque est en correspondance avec celui de la plaque
et le tir est possible ; s'il est horizontal (le disque tourné de 90°),
il y a obturation de l'embrasure.



Le mouvement de rotation du disque peut se faire, tantôt à
droite, tantôt à gauche, afin que le choc des projectiles ne s'exerce
pas constamment sur la même partie. Ce disque peut enfin être
retourné sens dessus dessous, lorsque la partie supérieure a
subi quelque usure ou détérioration.

La manœuvre du disque est
obtenue au moyen du mécanisme
suivant que fait comprendre la
figure théorique ci-contre :

Une chaîne attachée en un point
A du disque passe successivement
sur une poulie de renvoi, sur un
treuil de manœuvre, puis sur une
deuxième poulie de renvoi et revient
se fixer au même point de ce disque.

En mettant le treuil en action, le
disque tourne, et un déclic automoteur
dont le treuil est muni, arrête le mouvement, lorsque le disque a tourné de
90 degrés. Pour changer le sens de la
rotation et amener en face de l'embrasure le secteur plein opposé par le sommet au précédent, il suffit d'accrocher

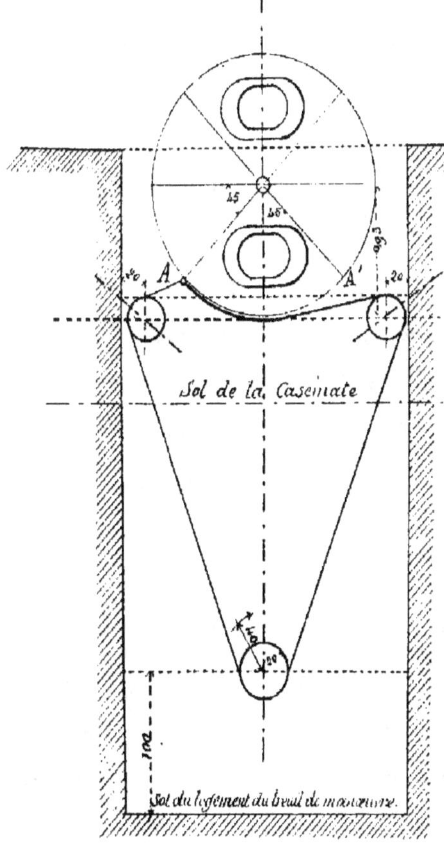

la chaîne en A' au lieu de A et de faire tourner le treuil en sens inverse. On change de même le point d'attache, quand il s'agit d'utiliser la partie inférieure du disque, c'est-à-dire la 2ᵉ embrasure dont celui-ci est percé.

Le temps nécessaire pour produire l'obturation complète de l'embrasure est de 4 à 5 secondes.

*Armement.* — La casemate est armée d'une pièce de 138ᵐ/ᵐ sur affût Reffye à pivot imaginaire et à recul limité par un piston plongeur oscillant dans un cylindre rempli de glycérine. Le pointage en hauteur s'obtient à l'aide de doubles vis latérales réunies par une entretoise. Nous renvoyons au cours d'Artillerie pour la description de cet affût.

## b. — Casemate cuirassée en fonte dure contre le canon de Siège. (fig. 2).

Dans ce système, la tête de la casemate est entièrement en fonte dure. L'embrasure, percée dans un voussoir épais, permet un champ de tir latéral de 30°. L'obturateur dit « à verrou » est mobile dans un puits vertical et équilibré par un contrepoids.

*La casemate.* — La casemate se compose d'une large voûte longitudinale surbaissée, en maçonnerie ordinaire, de 6ᵐ.40 de portée (avec poterne d'accès et cheminée pour l'éclairage et la ventilation). Cette voûte est prolongée sur 1 mètre de longueur par une voûte en béton de ciment, à la tête de laquelle est fixée une armature en tôle et à rebords supportant les abouts des plaques de toiture en fonte dure. À une certaine distance en avant de cette armature, les piédroits de la casemate se brisent suivant un angle de 60° pour rejoindre le mur de tête en béton de 1ᵐ d'épaisseur et de forme courbe qui supporte le bouclier ou plaque d'embrasure en fonte dure de 0ᵐ 60 d'épaisseur dans la partie médiane (poids 23 tonnes).

L'embrasure de forme tronconique est aussi réduite que possible; ses dimensions extérieures sont 0ᵐ 35 sur 0ᵐ 40. La bouche à feu pivote autour d'un point fictif situé dans cette embrasure.

La toiture en fonte dure est formée de 4 plaques appuyées: en avant sur la plaque d'embrasure, en arrière sur le rebord de l'armature en tôle; les deux extrêmes reposent en outre latéralement sur les murs d'ébrasement. Cette toiture est recouverte de mortier de chaux hydraulique en forme de chape qui la préserve de l'oxydation.

L'obturation de l'embrasure est obtenue au moyen d'un verrou, grosse masse de fonte évidée à surfaces fuyantes (poids 7 tonnes), équilibrée par un contrepoids et qui se meut verticalement dans un puits situé en avant du mur de tête. Ce puits est surmonté d'un étrier protecteur en fonte dure en forme de fer à cheval (poids 10 tonnes) qui constitue la margelle, et qu'entoure un massif en béton de ciment.

Le verrou est maintenu en équilibre indifférent dans toutes les positions au moyen d'un système à contrepoids, disposé dans le puits et analogue à celui des suspensions de salle à manger [1]. Ce système est mis en mouvement par des chaînes engrenant avec une poulie à barbotin que font tourner à l'aide d'une transmission

---

[1] Le verrou et le contrepoids sont reliés: 1° par 3 chaînes passant sur 3 galets disposés à l'intérieur du verrou au sommet d'une colonne fixe; 2° directement entre eux par 2 autres chaînes descendant le long du puits et engrenant chacune avec une poulie à barbotin que fait tourner une transmission de mouvements imprimés par deux treuils situés dans deux chambres de manœuvre.

de mouvement convenable, deux treuils de manœuvre établis dans des chambres ménagées à droite et à gauche de la casemate (1). La rotation de ce barbotin détermine dans un sens l'ascension du verrou et la descente du contrepoids et dans l'autre, des mouvements inverses.

Le temps nécessaire pour produire l'obturation, l'embrasure étant ouverte, est réduit à environ 5 secondes. La mise du feu est déterminée automatiquement par l'électricité, aussitôt que la pièce est démasquée, de façon à exposer celle-ci le moins de temps possible au danger des coups d'embrasure.

En outre, pour dérober à l'ennemi la connaissance du moment précis où l'embrasure va s'ouvrir, on s'efforce de dissimuler l'avant de la casemate par un rideau d'arbres à feuillage persistant (épicéas, troènes).

Protection de l'avant de la casemate contre les affouillements. — Plongée en béton de ciment et parapet en sable.

La casemate est protégée en avant contre les affouillements des projectiles par une plongée en béton de ciment (largeur horizontale 3 mètres) prolongée par une plongée en sable (largeur horizontale des parapets : 6m).(2)

Tout le remblai antérieur et latéral de la casemate (à partir de la cheminée d'aérage) est en sable pur.

Armement.

L'armement est constitué par une pièce de 155 m/m montée sur un affût Grüson modifié, permettant d'avoir un champ de tir horizontal de 30° et un champ de tir vertical compris entre −5° et +20°.

---

(1) Deux galeries en sous-sol, auxquelles on aboutit par deux trous d'homme, l'une transversale et l'autre longitudinale servent à l'installation des transmissions de mouvement des treuils; la galerie longitudinale aboutit à l'avant du mur de tête au puits du verrou.

(2) Épaisseur du béton : 1m.50 verticalement et 2m normalement au talus extérieur à 35°.

La plateforme est constituée par un bâti en métal reposant sur une aire en béton.

**Pointage en hauteur.** Est assuré à l'aide d'une petite presse hydraulique dont le
piston en montant soulève la culasse et joue le rôle de vis de
pointage. On injecte de la glycérine dans l'intérieur de cette
presse à l'aide d'une pompe manœuvrée par des leviers placés de
part et d'autre des flasques. Inversement, en manœuvrant une soupape de décharge, on produit l'évacuation du liquide du corps de la
presse, l'abaissement du piston et de la culasse en raison de
la prépondérance de celle-ci.

**Pointage en direction.** Sur la plateforme en béton est fixé un bâti métallique supportant le châssis sur lequel glisse l'affût. Ce châssis porte à l'arrière un système d'engrenages actionné par une manivelle, qui
produit la rotation d'une roue à barbotin engrenant avec une
chaîne fixée à ses deux extrémités, disposée circulairement à la
queue du bâti et qui joue le rôle de crémaillère.

La roue à barbotin se meut le long de cette chaîne et entraîne
dans son déplacement le châssis auquel elle est rattachée.

Une circulaire graduée en laiton permet d'arrêter la pièce
dans un azimut déterminé. Les indications d'un observateur
placé à l'extérieur de la casemate et en relation avec celle-ci par
un tuyau acoustique, permettent de rectifier le tir.

**Mise du feu.** La mise du feu est produite par l'électricité, en agissant sur un
commutateur au moment voulu. Mais, afin d'éviter tout départ
prématuré, le circuit n'est fermé que lorsque la pièce est en batterie.
Cette fermeture se fait automatiquement par le mouvement même
d'avancement de l'affût sur son châssis, à l'aide d'une disposition

spéciale.

Le prix de revient de cette casemate, maçonneries et terrassements non compris, est d'environ 80.000 francs.

Degré de résistance de la casemate évalué par la Commission de Gâvres.

La Commission de Gâvres avait estimé à la suite de ses expériences que la destruction du verrou exigerait 1000 coups de canon de 155 m/m à 1000 mètres avec obus de rupture ordinaires en fonte dure.

Observation générale sur l'emploi des casemates cuirassées. Leurs avantages et inconvénients.

Les casemates cuirassées, ne permettant d'obtenir qu'un champ de tir horizontal très-limité (de 30° à 60°) conviennent surtout aux ouvrages commandant des passages étroits (ponts ou défilés) que l'on veut interdire. Elles présentent l'avantage réel d'être beaucoup moins coûteuses que les tourelles cuirassées, mais par contre, indépendamment de leur champ de tir restreint, elles ont le défaut d'être exposées à une destruction relativement rapide par des coups d'embrasure, en raison de la fixité de celle-ci et de l'affaiblissement forcé du bouclier dans son voisinage, par suite de l'évasement nécessaire au champ de tir. En outre, la manœuvre régulière de l'obturateur n'est rien moins que certaine sous le choc répété des projectiles, dont les éclats peuvent produire des coincements capables d'en enrayer le fonctionnement.

Enfin dans ces casemates, il se produit un retour de la fumée par les galeries inférieures, le souffle de la pièce soulevant le tampon des regards d'accès à ces galeries.

## Tourelles cuirassées tournantes.

Principe et principales propriétés.

Les tourelles ou coupoles sont des constructions cuirassées abritant une ou deux pièces d'artillerie et mobiles autour de leur axe vertical de figure. Leurs propriétés sont les suivantes :

1° Champ de tir illimité (360°).

2° Embrasure réduite latéralement au diamètre de la volée.

3° Chance bien plus faible des coups d'embrasure auxquels on échappe en grande partie par la rotation continue de la tourelle, en ne l'arrêtant ni pendant qu'on charge, ni pendant qu'on fait feu, le départ du coup se faisant automatiquement au moment où la pièce arrive dans un azimut ou plan de tir déterminé.

4° Grande rapidité du tir, provenant de ce que les affûts peuvent être fixes et les pièces avoir même un dispositif de rentrée automatique en batterie. Dans ces conditions, on peut au besoin envoyer une soixantaine de projectiles en moins d'une heure dans une cible de quelques mètres carrés.

5° Réduction possible du nombre de pièces de l'armement d'un ouvrage, en raison du champ de tir illimité et de la protection des pièces sous tourelle.

### C. — Tourelle cuirassée en fonte dure contre le canon de siège, pour 2 canons de 155 m/m longs (fig. 3).

Cuirassement mobile. La tourelle en fonte dure en service en France se compose essentiellement d'un cuirassement mobile en fonte dure affectant la forme d'un dôme dont la base a 6 mètres de diamètre extérieur ; celui-ci est formé de 5 voussoirs de pourtour, à formes fuyantes (pesant chacun 24 tonnes), de 0m 60 d'épaisseur horizontale (dont 1 percé de 2 sabords) ; ils sont surmontés d'une plaque de ciel en forme de calotte sphérique de 0m 20 d'épaisseur (poids 11 tonnes).

Charpente cylindrique. Le tout est supporté par une charpente cylindrique en tôle comprenant : une couronne annulaire sur laquelle reposent les voussoirs, soutenue par 14 montants verticaux en fer à double T renforcés à l'intérieur et à l'extérieur par des tôles disposées cylindriquement et ménageant des échancrures qui se recroisent de façon à former une série de compartiments-refuges pour les servants, au moment du tir, contre les éclats éventuels d'un coup d'embrasure. En regard de la culasse des pièces, ces tôles sont remplacées par deux panneaux extérieurs pleins mais mobiles et déboulonnables, et servant de portes roulantes en vue de la mise en place de l'armement.

*Plateforme.*

Aux 14 montants verticaux correspondent 14 poutres en fer rayonnantes qui les supportent et qui forment l'ossature de la plateforme ; ces poutres sont boulonnées vers le centre à un moyeu ou chapeau en fonte coiffant la tête d'un pivot formant piston de presse hydraulique.

*Circulaires de roulement mobile et fixe. Galets.*

Sous la plateforme est boulonnée une circulaire mobile de roulement en fonte, reposant sur 16 galets tronconiques en fonte roulant sur une circulaire fixe identique à la précédente et solidement scellée par de grands boulons dans la voûte surbaissée en béton de ciment formant le sol de la tourelle.

La rotation s'effectue avec simple frottement de roulement, les surfaces des galets et des deux circulaires affectant des formes coniques dont le sommet commun se trouve sur l'axe de rotation de la tourelle.

Les galets sont fixés (par des vis et écrous mobiles qui en permettent le réglage) à des arbres en fer dirigés suivant des rayons et rattachés à leurs autres extrémités à un collier en bronze se mouvant à frottement doux autour du pivot. L'écartement de ces arbres est maintenu au moyen de deux fers en U disposés l'un en dedans, l'autre en dehors des galets.

Pivot hydraulique et pot de presse.

Le pivot qu'emboîte à frottement doux le moyeu de la plateforme est une tige d'acier de 2m de hauteur sur 0m 30 de diamètre. Ce pivot est engagé sur 1 mètre dans un cylindre de fonte tubé d'acier, appelé pot de presse, noyé dans le béton et servant de corps de pompe, par rapport au pivot, qui joue le rôle de piston de presse hydraulique; le fond du pot de presse en acier est tourné en forme de grain de crapaudine et des garnitures convenables assurent l'étanchéité du système.

Pompe de pression à main.

Le fond du pot de presse communique par un tuyau en cuivre rouge avec une petite pompe de pression à glycérine, manœuvrable à main par un seul homme et pourvue d'une soupape de sûreté et d'un manomètre. En développant dans le pot de presse à l'aide de cette pompe une pression qui peut s'élever jusqu'à 220 atmosphères, on arrive à soulever le piston plongeur qui supporte la plateforme et toute la partie mobile du système; on réduit ainsi notablement la pression et par suite le frottement sur les galets et l'on peut même faire reposer sur le pivot le poids total de la tourelle; dans la pratique, on s'arrête à 200 atmosphères, ce qui correspond à la répartition de 1/10 du poids sur les galets et de 9/10 sur le pivot.

Avant-cuirasse et collerette en béton de ciment.

La charpente et l'embase de la tourelle sont protégées extérieurement par une collerette en béton de ciment limitée intérieurement par un anneau en fonte dure appelé avant-cuirasse, qui ménage tout autour du cuirassement mobile un jeu ou vide annulaire de quelques centimètres.

L'avant-cuirasse encastrée dans le béton est composée de 4 segments à formes fuyantes pesant chacun 21 tonnes, et dont l'épaisseur atteint son maximum de 0<sup>m</sup>,45 à son bord intérieur près de la tourelle ; cet anneau s'élève jusqu'à hauteur du seuil des embrasures.

Le vide ou jeu de quelques centimètres entre cet anneau et le cuirassement est fermé par un pare-éclat en tôle fixé à la charpente de la tourelle et entraîné avec elle. Les eaux de pluie sont de là rejetées dans une gouttière fixe inférieure, puis conduites en dehors des terrassements.

*Dimensions de la collerette en béton. Parapet en sable.* — Le massif en béton ou collerette formant parapet circulaire autour de la tourelle est limité par un talus extérieur à 35° ; son épaisseur normalement à ce talus est de 2 mètres ; sa plongée à 3 mètres de largeur et est inclinée à – 5° environ. Il repose généralement sur un massif de sable et est lui-même précédé d'un parapet en sable. La largeur totale de la plongée (béton et sable) est de 11 mètres.

*Mur de pourtour.* — Un mur de pourtour de 1 mètre d'épaisseur en maçonnerie ordinaire supportant la partie supérieure de la collerette et le poids de l'avant-cuirasse, forme cuve de 8<sup>m</sup>,50 de diamètre autour de la charpente de la tourelle de près de 6<sup>m</sup> de diamètre, ménageant ainsi un couloir annulaire de circulation de 1<sup>m</sup>,25 environ *Escalier-rampe.* de largeur, auquel on accède par un escalier-rampe voûté de 2<sup>m</sup>,50 de largeur.

*Substructions : Magasin aux munitions.* — Les substructions de la tourelle comportent à l'étage inférieur ou sous-sol, une chambre cylindrique de 6 à 7 mètres de diamètre servant de magasin aux munitions pour les pièces de la tourelle, et recouverte d'une voûte sphérique surbaissée en béton de ciment de 1 mètre d'épaisseur à la clef, dont l'extrados arasé horizontalement supporte la tourelle. Les munitions sont hissées dans des bennes à l'étage supérieur au moyen d'un monte-charge. [une ouverture verticale est ménagée à cet effet sur le côté de la voûte sphérique.]

Chambre de manœuvre.    Latéralement est disposée la chambre de manœuvre, recouverte par une voûte en béton (de 2$^m$50 à 3$^m$00 de portée et de 1$^m$ d'épaisseur) qui pénètre la voûte sphérique; elle est éclairée à volonté par une cheminée ou par des lampes. Dans la voûte de cette chambre est scellé le bâti

Mouvement de rotation    du treuil de manœuvre servant à imprimer le mouvement de rotation à la tourelle. Ce mouvement est obtenu au moyen d'une chaîne sans fin agissant par simple adhérence sur une circulaire à gorge en fonte fixée extérieurement à hauteur de la plateforme de la tourelle. Les deux brins de chaîne changent ensuite de direction et descendent verticalement au moyen de deux grandes poulies de renvoi placées tangentiellement à la tourelle; ils pénètrent par un trou dans la chambre de manœuvre et s'enroulent sur un treuil à engrenages et à manivelle ou plus exactement sur une poulie à barbotin ou à empreintes fixée à ce treuil. Ce treuil peut être mis en mouvement soit à bras, soit à l'aide d'une machine à vapeur locomobile.

Deux vitesses.    Les engrenages du treuil permettent d'obtenir deux vitesses différentes de rotation de la tourelle:

Petite vitesse: 1 tour en 3'45", exige 4 hommes.

Grande vitesse: 1 tour en 0'45", exige 6 hommes.

On injecte préalablement de la glycérine sous la pression de 200 atmosphères. Dans ces tourelles, on a généralement adopté un moteur à vapeur, ce qui permet d'obtenir à volonté la grande vitesse.

Armement.    L'armement se compose de deux pièces de 155$^m$/$^m$ long, montées sur affûts Gruson modifiés, modèle 1881, à frein hydraulique avec remise en batterie automatique et pivotement autour de la bouche. (Voir le Cours d'Artillerie pour la description et le fonctionnement de cet affût.)

Pointage et mise de feu.

Le pointage en hauteur est donné au moyen du quart de cercle ou niveau de pointage. Le pointage en direction est déterminé par un contact et la mise du feu se fait automatiquement, par suite de la fermeture d'un courant électrique qui enflamme l'étoupille au moment précis où la tourelle, dans son mouvement de rotation, amène les pièces dans leurs plans de tir respectifs, et cela sans qu'il y ait aucun arrêt de la tourelle.

Disposition des curseurs et des ressorts de mise du feu.

À chacune des pièces correspond un ressort de mise de feu composé de 2 lames métalliques d'inégale longueur, montées sur un support isolant (plaque d'ébonite), lequel est fixé au-dessous de la circulaire à gorge. Les deux lames sont interposées dans un courant électrique qui est interrompu quand elles sont séparées, mais qui, lorsqu'elles se touchent, peut mettre le feu à une étoupille électrique placée dans la lumière de la pièce.

Pour obtenir automatiquement ce contact au moment convenable, une circulaire de pointage fixe, en cuivre, portant une double graduation en degrés et en millimètres, est placée en dessous et parallèlement à la circulaire à gorge; on y dispose, en des points correspondant aux azimuts de tir respectifs des pièces (1) 2 curseurs mobiles surmon-

______

(1) La ligne 0-180° de la graduation doit correspondre comme direction au méridien de la planchette de tir. Une opération préliminaire consiste à fixer le ressort de mise de feu au contact du curseur placé à la graduation correspondant à l'azimut connu d'un signal indiqué sur la planchette de tir, après avoir pointé la pièce sur ce signal, en visant par l'âme.

tés d'un buttoir. La tourelle tournant, lorsque la grande branche de chaque ressort arrive à rencontrer le buttoir, elle est rejetée en arrière, vient s'appliquer contre la petite et le coup part.

Les piles sont placées sous la plateforme; en outre, le courant peut être interrompu ou fermé par un commutateur dit « verrou de sûreté », à la disposition du chef de pièces.

Observation des points de chute. Pour rectifier le tir des pièces, deux observateurs sont placés à droite et à gauche de la tourelle; ils transmettent leurs observations des points de chute au chef de pièces de la tourelle par l'intermédiaire de tuyaux acoustiques reliant la chambre aux observatoires.

Rideau d'arbres pour masquer la tourelle. Enfin, pour masquer la tourelle et surtout ses embrasures aux vues de l'ennemi, on a recours à des plantations sur les têtes d'arbres à feuillage persistant formant rideau.

Degré de résistance. D'après la Commission de Gâvres, une semblable tourelle devait résister à un tir de guerre de 1000 coups de 155 $^{mm}$ long tirés à 1000 $^m$. Les projectiles de l'époque, en fonte dure ou en acier coulé à tête ogivale venaient s'y briser, le mécanisme intérieur restant absolument intact.

L'expérience avait en outre montré que les servants n'étaient pas incommodés par le choc des projectiles, ni par le son produit par le départ du coup. Seulement, la fumée ne tardait pas à devenir gênante, non pas tant celle qui s'échappe à l'extérieur de la bouche qui fait saillie de 15 $^{cm}$, que celle qui sort en jet à chaque coup par le grain de lumière, ou qui rentre lorsque l'on ouvre rapidement la culasse pour recharger.

Poids et prix de revient. Le poids de cette tourelle est de 155 tonnes pour la partie métallique mobile et de 87 tonnes pour la partie fixe; son prix de revient,

---

(1) Lors du recul, l'affût entraîné avec la pièce, glisse sur un châssis légèrement en pente ascendante vers l'arrière et revient ensuite de lui-même à la position de tir par le simple effet de la gravité. Dans ce mouvement, la pièce ne se meut pas suivant son axe, mais bien parallèlement, en sorte que l'embrasure présente forcément dans le sens vertical un diamètre sensiblement

maçonneries comprises, est d'environ 360.000 francs.

### d. – Tourelle allemande en fonte dure Grüson pour 2 canons de 15 ᶜᵐ (fig. 4).

Caractères distinctifs principaux

Cette tourelle a été mise en service par les Allemands à peu près vers la même époque que la tourelle française précédemment décrite ; c'est un type de ce genre qui fut installé par eux notamment dans les forts de Voippy (Kamecke) et de St Quentin (Manstein) à Metz. Comme on paraît y avoir renoncé depuis, nous nous bornerons à en faire connaître rapidement les caractères principaux qui la distinguaient de la tourelle française, à laquelle elle est très-notablement inférieure.

Dans la tourelle allemande, les voussoirs du dôme sont en fonte dure, et la calotte sphérique en fer laminé (2 épaisseurs de tôle boulonnées). Cette calotte est percée vers l'arrière (côté opposé aux embrasures) et dans le plan médian des canons de la tourelle d'un trou d'homme destiné au pointage direct. La charpente métallique est constituée d'une façon analogue à celle de la tourelle française. Toutefois, les galets de roulement sont cylindriques (cause de frottement de glissement) ; le pivot qui supporte la charpente n'est pas hydraulique ; c'est un simple arbre en fer d'assez faible diamètre (0ᵐ,12) dont le pied repose dans une crapaudine. Les deux circulaires de roulement, supérieure et inférieure, sont des surfaces horizontales. La circulaire inférieure, qui est fixe et fortement scellée dans la maçonnerie du sol de la tourelle, est entourée d'une grande roue dentée ou crémaillère circulaire à dents verticales, venue de fonte avec elle, qui engrène avec deux petites roues faisant

supérieur à celui de la volée de la pièce, et n'est donc pas absolument réduit à son minimum.

partie de deux systèmes d'engrenages situés en deux points opposés de la charpente cylindrique de la tourelle et mis en mouvement chacun à bras d'homme par un cabestan vertical à poignées multiples. Il suit de là que les hommes qui font mouvoir la tourelle se meuvent et se déplacent en même temps qu'elle ; dans ces conditions, la vitesse de rotation obtenue ne peut être bien grande. L'avant-cuirasse d'un profil très-cintré, est précédée d'un simple massif en terre et non en béton qui constitue la plongée.

Le pointage exige l'arrêt de la tourelle : on donne aux pièces un premier pointage en direction à l'aide du mouvement à crémaillère : le pointeur, dont la tête émerge hors du trou d'homme, parachève le pointage (à l'aide d'une hausse et d'un guidon que porte la calotte supérieure), en faisant déplacer latéralement les affûts de la quantité convenable. Il en résulte donc pour le pointage et la mise du feu un arrêt forcé de la tourelle, pendant lequel celle-ci est considérablement exposée au danger des coups d'embrasure.

# § 2. — Deuxième période (de 1881 à 1885 inclus).

## (a). Résumé des expériences diverses faites dans cette période.

Nous abordons maintenant l'étude des cuirassements dans la période de 1881 à 1885 inclus caractérisée par diverses expériences faites surtout dans l'industrie privée, tant en France qu'à l'étranger, et close par les expériences de Boucharest.

Nous avons indiqué précédemment les raisons qui avaient déterminé en 1876-78 la Commission de Gâvres à adopter la fonte dure comme métal de cuirassement terrestre de préférence au fer laminé.

Mais dans la lutte du canon contre la cuirasse, le triomphe de la fonte dure ne fut pas de longue durée. Dès 1881, on constatait en effet, par des expériences faites dans l'industrie privée, particulièrement au Creusot [1] que certains projectiles de rupture de nouvelle création en acier martelé et en acier chromé déterminaient dans la fonte dure des crevasses multipliées avec une rapidité peu rassurante. Les premiers coups commençaient par produire dans la couche superficielle des fissures se prolongeant ensuite aux coups suivants à travers la masse entière, qui ne tardait pas à se fendre en gros blocs, et finalement un coup

---

[1] Des expériences de rupture furent également faites au Bouchet, ainsi qu'à Saint-Chamond; cette dernière compagnie proposa même dès 1881 le remplacement par des voussoirs en fer laminé du cuirassement en fonte dure des tourelles antérieurement construites.

heureux suffisait souvent pour déterminer dans la cuirasse un véritable éboulement.

Il fallait donc renoncer à la fonte dure et rechercher un métal plus résistant.

D'autre part, l'industrie métallurgique ayant réalisé, postérieurement aux expériences de Gâvres des progrès très-considérables, on fut amené à poursuivre sur divers polygones, tant en France qu'à l'étranger, de nouvelles expériences relatives au choix du métal de cuirassement à adopter, concurremment avec la constitution et le mode d'emploi des projectiles de rupture.

Il importe d'en faire connaître les principaux résultats qui restent encore acquis pour la plupart aujourd'hui.

Nous résumerons donc succinctement les conclusions des expériences faites sur les cuirassements postérieurement à la Commission de Gâvres et jusqu'à l'apparition des obus-torpilles, soit de 1881 à 1885 inclus.

## I. — Expériences relatives aux divers genres de tir employés contre les cuirassements.

1° Tir normal, tir oblique. Plaque normale, plaque inclinée.

Une plaque de cuirassement peut être atteinte par les projectiles soit normalement, soit obliquement. L'expérience et le calcul démontrent qu'une plaque exposée normalement aux effets du tir d'un projectile déterminé a besoin de recevoir une plus grande épaisseur que si elle a à résister à un coup oblique, toutes choses égales d'ailleurs. Dans ce dernier cas, en effet, la pénétration n'est autre que celle qui serait due à la composante normale de la vitesse restante. Il en résulte que, toutes choses égales d'ailleurs, une plaque inclinée présente une plus grande résistance au tir en brèche qu'une plaque normale de même épaisseur.

**2º Tir par groupement, tir par superposition.**

Quand on veut opérer la destruction rapide d'une plaque de cuirasse, on peut employer soit le tir par superposition, les projectiles frappant au même point, soit le tir par groupement, les projectiles s'attaquant à des points répartis convenablement autour d'un point moyen.

Dans le cas de la fonte dure, le premier procédé est moins avantageux que le second, car il exige deux fois plus de projectiles; le résultat est inverse dans le cas du fer laminé.

**3º Tir simultané, tir successif.**

Enfin l'expérience a prouvé qu'un tir simultané sur une plaque de cuirasse ne produit pas plus d'effet qu'un tir successif du même nombre de projectiles, toutes choses égales d'ailleurs.

## II. Expériences relatives à la forme et au métal des projectiles à employer contre les cuirassements.

**Forme des projectiles à employer**

Les projectiles de rupture employés sont des boulets pleins, soit ogivaux, soit cylindriques. Au point de vue de leur mode d'action sur les cuirassements, deux cas sont à considérer :

1º Tir normal. — 2º Tir oblique.

1º Tir normal. (a) Contre la fonte dure : il vaut mieux employer le boulet cylindrique qui a plus d'action que le boulet ogival à égalité de force vive au choc.

(b) Contre le fer laminé : le contraire a lieu; l'emploi du projectile à tête ogivale est préférable, sa pénétration est plus grande, toute la force vive s'exerçant dans ce cas sur une plus petite surface.

2°. Contre des cuirassements obliques, quelle qu'en soit la nature, il convient de renoncer aux projectiles ogivaux qui ne peuvent qu'effleurer le cuirassement par le flanc de l'ogive, et de n'employer que des projectiles cylindriques ou à tête plate, qui mordent beaucoup plus énergiquement la surface attaquée,(1) ou encore certains projectiles spéciaux cylindro-coniques dont la partie supérieure faite en métal fragile (en zinc, par exemple) s'écrasant au choc, fait place à un cylindre terminé en biseau, qui agit à la façon d'un rabot.

1°. Dans le tir contre le fer laminé, la nature du métal du boulet employé (fonte, acier fondu, acier martelé et trempé) n'a pas d'influence sur l'effet produit qui dépend uniquement de la forme du projectile et de sa vitesse au point d'impact; et il est assez facile d'obtenir des projectiles qui ne se brisent pas contre ce métal.

2°. Si le cuirassement est d'un métal très dur, tout au moins à la surface [fonte dure, acier, ou métal mixte (fer recouvert d'acier coulé)], il faut des projectiles spéciaux en acier, qui ne risquent pas de se briser, sinon une partie de la force vive est employée à produire la rupture du boulet, en réduisant d'autant la pénétration dans la plaque. Pour détruire les cuirassements de cette espèce, les projectiles à employer sont des projectiles en acier (chrômé ou non), martelé, trempé et recuit.

## III. — Choix du métal de cuirassement.

Il résulte des expériences précitées qu'il faut rejeter

(1) Le métal une fois entamé par les projectiles cylindriques à tête plate, on peut ensuite agir utilement, dans le cas du fer laminé, avec les projectiles ogivaux pour fouiller plus profondément le sillonnage, puisque ces projectiles rencontrent alors normalement à la surface à attaquer.

définitivement la fonte dure comme métal de cuirassement et faire usage d'un métal plus résistant.

Deux solutions sont en présence : 1° Emploi d'un métal
très-dur ou tout au moins présentant une surface extérieure
très-résistante ; on peut alors recourir soit à l'acier, soit au
métal mixte dit « Compound ».

2° Emploi d'un métal présentant une grande ténacité
d'ensemble ; le métal qui répond le mieux à cette condition
est le fer laminé.

Comparons entre elles les propriétés caractéristiques
de ces divers métaux :

**Aciers.** Les plaques en acier offrent à la pénétration une plus
grande résistance que le fer laminé ; l'acier très-dur peut parvenir à briser certains projectiles de rupture, mais cela au détri-
ment de sa ténacité. S'il résiste bien à un ou deux coups sur le même
point, il s'étoile et se brise assez rapidement sous les coups répétés
et par suite paraît, jusqu'ici du moins, peu convenable comme métal de cuirassement terrestre. Il paraît au contraire d'un emploi
avantageux, là où il n'y a pas à résister à un tir prolongé sur le
même point, et où il est nécessaire de réduire le poids du cuirassement ( C'est le cas des navires ).

**Métal mixte.** On a cherché dans l'emploi d'un métal mixte, dit « compound » ou « plaque Cammel » à allier la dureté de l'acier ou de la
fonte dure à la ténacité du fer. Les plaques mixtes sont obtenues
en coulant sur des plaques de fer laminé relativement minces,
par suite faciles à usiner, une couche d'acier fondu égale au 1/3
environ de l'épaisseur totale.

Toutefois, on a reconnu que les résultats sont loin d'être en toutes circonstances aussi satisfaisants qu'on l'avait cru tout d'abord; et que ces plaques tout en offrant une plus grande résistance à la pénétration que le fer laminé, finissent aussi par se fendre et se briser comme l'acier après un petit nombre de coups. Leur emploi peut convenir, comme l'acier, pour le cuirassement naval.

Fer laminé.   Reste donc le fer laminé. Les plaques en fer laminé ont moins de dureté que l'acier et les projectiles y pénètrent plus avant; mais on peut remédier à cet inconvénient en augmentant leur épaisseur, car leur résistance croît rapidement avec l'épaisseur. Elles ont ce grand avantage que les projectiles n'endommagent que les points frappés, tandis que les projectiles qui atteignent les plaques en acier ou en métal mixte étendent leur action sur les parties voisines et en affaiblissent la résistance.

Conclusion.   Les expériences faites de 1881 à 1886 ont donc amené à conclure à l'adoption du fer laminé comme seul métal convenable pour les cuirassements terrestres; mais il faut qu'il soit d'une qualité telle que plusieurs projectiles groupés dans un petit espace n'y produisent pas de fentes ou de fissures.[1]

---

[1] Depuis cette époque, on ne paraît pas cependant avoir renoncé définitivement dans l'industrie à proposer l'emploi de l'acier pour les cuirassements terrestres; c'est ainsi que dans ces dernières années on a successivement expérimenté l'acier coulé, l'acier laminé, divers aciers spéciaux tels que ceux du Creusot, et tout récemment le Nickel-Acier de cet établissement, expérimenté en 1890 à Annapolis (États-Unis) [Voir Génie Civil: Tome XVIII, livraison N° ... janvier 1891].
Peut-être trouvera-t-on la solution du problème dans la recherche d'un acier très-dur superficiel-

Mon permte. Détails des cuirassements employés dans la Mne.

## IV. – Détermination de l'épaisseur des cuirasses en fer laminé.

*Épaisseur à adopter pour les parois exposées au tir de plein fouet.*

Des expériences directes entreprises à St Chamond en 1884 ont permis de conclure qu'une plaque en fer laminé de 0m 45 d'épaisseur oppose une résistance largement suffisante au tir tendu et prolongé des canons de 155 m/m et 16 c/m (projectiles de rupture en acier martelé et trempé); on a donc adopté cette épaisseur pour les parois d'une tourelle exposées au tir de plein fouet.

*Nombre très-limité des joints des voussoirs.*

Il convient en outre, en vue de la résistance, de constituer ces parois au moyen d'un nombre très-limité de voussoirs, afin que chaque élément du cuirassement présente une masse considérable par rapport à la masse du projectile.

*Influence des joints des plaques.*

Quant aux coups portant sur les joints des plaques, ils ne semblent pas causer plus de dégâts que ceux qui portent au milieu; à condition toutefois que ces joints soient parfaitement ajustés.

*Épaisseur à donner à la toiture.*

Jusqu'à l'apparition des obus-torpilles, on a pu considérer comme suffisante à la rigueur une épaisseur de 0m 15 ou de 0m 20 au plus à donner

---

lerment, et suffisamment doux et malléable à l'intérieur. Bien que les expériences entreprises dans ce sens aient déjà donné des résultats importants, néanmoins ceux-ci ne sont pas suffisamment concluants pour amener dès à présent à l'adoption d'un métal coulé pour les cuirassements terrestres, en sorte que l'on s'en tient encore au fer laminé auquel on continue à donner en France la préférence, du moins jusqu'à nouvel ordre.

à la plaque de toiture, pour lui permettre de résister au tir vertical des obus de rupture des mortiers rayés employés dans les parcs de siège.

Plaque unique au lieu de plaques multiples boulonnées.

Enfin diverses expériences ont démontré qu'il importe que les plaques de cuirassement de pourtour et de ciel soient d'une seule épaisseur et non composées de plusieurs plaques boulonnées dont la résistance est d'abord moindre à égalité d'épaisseur totale, et qui se désunissent rapidement par le tir (projections de boulons ou de rivets à l'intérieur.)

## V. – Forme à donner aux tourelles.

Une question sur laquelle nous reviendrons, et au sujet de laquelle les avis restent partagés jusqu'en 1885-86, faute d'expériences directes suffisantes, est celle de la forme à donner au cuirassement mobile dans les tourelles. En Allemagne, Grüson et Schumann préconisent la forme d'une coupole à calotte sphérique de grand rayon, comme offrant moins de prise aux coups directs dans un tir de guerre que la forme cylindrique adoptée pour les tourelles de la marine. Le but est moins facile à atteindre, les empreintes sont moins profondes et on a en outre le bénéfice de nombreux ricochets.

Par contre, la forme cylindrique laisse disponible un espace plus grand à l'intérieur de la tourelle (ce qui rend le service plus facile), assure à prix égal au cuirassement une plus grande épaisseur, avantageuse pour la résistance aux coups superposés, et tout particulièrement au pourtour de l'embrasure, où elle n'est pas amincie comme avec la forme de calotte sphérique.

Nous verrons plus loin les expériences faites à Bucharest qui ont permis de trancher cette question en faveur de la coupole à calotte sphérique.

## VI. — Protection des tourelles contre les affouille- ments de leurs substructions.

La Commission de Gâvres avait déjà conclu qu'il est de la plus haute importance que l'assiégeant ne puisse réduire la tourelle au silence en l'attaquant par dessous, c'est-à-dire en détruisant le parapet qui couvre ses parties vulnérables.

Jusqu'en 1885, rien n'est changé en ce qui concerne les dispositions prises pour atteindre ce but; elles consistent toujours à protéger les œuvres vives de la tourelle par un anneau métallique (en fonte dure jusqu'en 1886), constituant l'avant-cuirasse, entouré lui-même d'un parapet en béton qui repose sur un massif de terre ou de sable bien tassé, ou mieux, est appuyé sur une voûte annu- laire en maçonnerie.

## (b). — Description et caractères distinctifs des deux types de tourelles expérimentées à Bucharest en 1885-86 [1]

Dans la période de 1881 à 1886, de nombreux modèles de tou- relles ont été proposés; on les trouve représentés notamment dans les atlas du Gᵃˡ Brialmont. Nous examinerons seulement deux d'en- tre eux, les plus remarquables, qui présentent cette particularité importante qu'ils ont été soumis à la sanction de la pratique lors des expériences de tir exécutées à Bucharest en 1885-86.

Les deux tourelles cuirassées dont nous allons faire connaître

---

[1] Les renseignements qui suivent sont extraits de la Revue militaire de l'Etranger (Juin 1886), des notices spéciales de l'usine de St Chamond, et des comptes-rendus publiés par M. Von Schütz, Ingénieur de l'usine Gruson.

les caractères distinctifs, ont été établies dans le but de satisfaire aux conditions que nous venons d'étudier, et construites, l'une en France par l'usine de St Chamond d'après les plans du Commandant Mougin,[1] l'autre en Allemagne par l'usine Grüson, suivant les dispositions empruntées au Major Schumann.

La tourelle française est en fer laminé, la coupole allemande est en métal mixte. Nous décrirons les principaux organes de ces deux engins et leur fonctionnement.

## I. — Tourelle française de St Chamond en fer laminé (fig. 5) (type expérimenté à Bucharest).[2]

Dans cette tourelle, on a cherché à rendre indépendants du cuirassement, chaque pièce et son affût et d'une manière générale toutes les parties qui exigent une certaine précision dans le montage.

Cuirassement mobile. Le cuirassement mobile a la forme d'un cylindre vertical de 1m.20 de hauteur, 4m.80 de diamètre extérieur et 3m.90 de diamètre intérieur, recouvert par un toit plat. La muraille cylindrique est constituée par trois plaques cintrées en fer laminé de 0m.45 d'épaisseur assemblées à rainure et languette, dont l'une est percée de deux embrasures distantes d'environ 1 mètre. Le toit plat B se compose de deux plaques de fer de 0m.18 d'épaisseur, également assemblées à rainure et à languette, suivant un diamètre, et maintenues par des vis que l'on place à l'exté-

---

(1) Ancien Chef de Bataillon du Génie et ancien chef du service des cuirassements.

(2) Bien que ce type de tourelle ait été modifié comme forme de cuirassement seulement après les expériences de Bucharest, la plupart des dispositions de détail, notamment tout le mécanisme ont été conservées dans la tourelle de St Chamond soumise en 1887–88 aux expériences de Châlons et à ce titre, il a paru doublement intéressant de les faire connaître.

rieur, dans une feuillure circulaire pratiquée à la partie supérieure de la muraille cylindrique. [1]


Ce cuirassement repose sur un pivot hydraulique P par l'intermédiaire d'une tôlerie composée d'une couronne C que supportent trois panneaux verticaux parallèles D, établis l'un suivant le plan diamétral de symétrie de la tourelle, les deux autres à 1 mètre de distance du premier.

La couronne C est formée de deux parois verticales en tôle cintrée, réunies à leur partie supérieure par des tôles horizontales formant table, sur laquelle s'appuie directement la base du cuirassement.

Les trois panneaux verticaux D sont rivés aux parois verticales de la couronne ; ils sont en outre entretoisés à la partie inférieure et boulonnés sur la table rectangulaire horizontale d'un chapeau en fonte à nervures E qui emboîte la tête du pivot P.

A l'extérieur des deux panneaux latéraux sont rivées deux contrefiches en tôle D' destinées à répartir uniformément sur l'ensemble de la tôlerie et par suite à reporter de même sur la table rectangulaire et le pivot, le poids total de la tourelle.


Le pivot hydraulique P en acier, de 0m,42 de diamètre et de 2m de hauteur, est engagé sur une longueur de 1m,30 environ dans un pot de presse en fonte Q, tubé en acier, muni de garnitures étanches, dont le fond en acier est tourné en forme de grain de crapaudine ; ce pot de presse est noyé au centre de la voûte sphérique en béton qui recouvre le sous-sol de la tourelle.

Le pot de presse communique avec une petite pompe à main h

---

[1] Pour l'intelligence de la description des divers organes, se reporter non seulement aux figures 5, mais encore aux fig. 5 bis de l'Atlas, sur lesquelles ces détails sont plus complètement représentés.

située dans le sous-sol et pourvue d'une bâche à glycérine et d'un manomètre ; cet ensemble constitue une puissante machine hydraulique, au moyen de laquelle, un seul homme peut soulever sans difficulté toute la partie mobile de la tourelle. On peut même, en cas d'avarie, l'élever s'il y a lieu de $0^m,50$ et faciliter ainsi les réparations de toute nature.

À l'état habituel, le pivot porte en permanence sur le fond du pot de presse, et supporte ainsi tout le poids de la tourelle. Avant tout mouvement de rotation de celle-ci, on a soin d'injecter une mince couche de glycérine sous le pivot, de manière à substituer ainsi le frottement doux du métal sur un liquide au frottement beaucoup plus dur, pouvant même se transformer en grippement, d'un métal sur un autre métal.

*Organes directeurs ; galets et roulettes.* — La tourelle est guidée dans son mouvement par des organes directeurs, consistant en galets verticaux $G$ et horizontaux $g$, enchâssés dans la couronne en tôle $C$. Ces organes comprennent : 10 galets coniques verticaux (à axe horizontal) entre lesquels sont disposées 12 roulettes horizontales (à axe vertical), le tout en acier, roulant respectivement sur les deux faces d'une circulaire en fonte fixée à la cuve en maçonnerie [1]. Ces galets et roulettes ne servent qu'à diriger la tourelle, quand on la soulève ou qu'on la fait tourner, et les choses sont réglées, lors du montage, de telle sorte que ceux-ci n'ont aucune charge à supporter, même quand on ne fait pas usage de la pompe. Dans ces conditions, la rotation du système n'exige qu'un travail moteur

[1] La face de la circulaire sur laquelle roulent les galets est tournée suivant une surface conique, dont le sommet coïncide avec celui des galets ; celle qui guide les roulettes est dressée suivant une surface cylindrique.

insignifiant ; il importe seulement que la plus grande précision soit apportée dans le montage et que l'axe du pivot coïncide aussi exactement que possible avec l'axe commun des deux
surfaces directrices de la circulaire.

*Rotation de la tourelle.* — En raison de l'extrême mobilité de tout le système, la rotation
de la tourelle est produite simplement au moyen d'un cabestan à
leviers mu à bras d'hommes, scellé à la plateforme du sous-sol.
Un arbre vertical, actionné par ce cabestan, traverse la
voûte en béton et transmet son mouvement, par l'intermédiaire d'un pignon, à une large roue dentée R, fixée à la partie inférieure de la couronne de support en tôlerie C.

*Avant-cuirasse, collerette en béton et parapet en sable.* — Le cuirassement émerge d'un mètre environ au-dessus de
l'anneau fixe ou avant-cuirasse en fonte dure, qui recouvre
le mur de la cuve en maçonnerie ; cet anneau est formé de
4 segments égaux de 0$^m$30 à 0$^m$44 d'épaisseur, à profil fuyant,
analogue au profil adopté dans la tourelle française en fonte dure ;
seulement, pour mieux protéger les œuvres vives de la
tourelle, il descend à 1 mètre en dessous de la plongée en
béton de ciment qui l'entoure, laquelle est précédée elle-même
d'un parapet en sable.

*Chenal.* — Entre l'avant-cuirasse et le cuirassement mobile, se
trouve un vide annulaire, dont le fond, organisé en forme
de chenal, est recouvert d'un enduit bitumé et destiné à
recevoir les eaux de pluie. Une tôle d'acier, cintrée suivant

---

(1) Cette condition exige qu'il ne se produise dans la suite aucune inégalité de
tassement dans les substructions, ou que la position des axes des galets soit rectifiable en conséquence.

un profil en (, rejette les eaux dans le chenal, ainsi que les fragments de projectiles, débris de terre, &c. Un homme peut y accéder par un regard ménagé dans la voûte de l'escalier et enlever rapidement les détritus divers qui gêneraient le mouvement de rotation de la tourelle.

Substructions et maçonneries diverses L'ensemble de la tourelle est divisé en trois étages : 1° l'étage inférieur ou sous-sol où se trouvent la pompe de tarissement, le treuil qui fait tourner le cuirassement, un porte-voix et un ventilateur destiné à accélérer l'évacuation de la fumée. 2° l'étage intermédiaire, séparé du précédent par une voûte en béton et dans lequel se tiennent les pourvoyeurs ; à cet étage débouche un escalier T recouvert d'une voûte rampante qui établit la communication de la tourelle avec les locaux de la fortification. — Enfin l'étage supérieur constitué par la chambre à canons ; la plateforme où se tiennent le pointeur et le pointeur-servant est une sorte de plancher à claire-voie.

Le service des munitions s'effectue de l'étage inférieur à l'étage supérieur au moyen de monte-charges : deux escaliers en fer, entraînés avec la tourelle, donnent accès de l'étage intermédiaire à la plateforme des pièces.

Enfin une ouverture circulaire ménagée dans la voûte qui recouvre le sous-sol, permet au besoin le passage d'un canon en cas de remplacement.

Poids du cuirassement Le poids du cuirassement cylindrique est de 54 tonnes, celui du toit plat de 19 tonnes, celui de l'anneau fixe de 68 tonnes.

Armement. La tourelle est armée de deux canons de 155ᵐᵐ long, montés chacun sur un affût en tôle d'acier du Command<sup>t</sup> Mougin, éta-bli entre deux des panneaux verticaux en tôle.

**Principe de l'affût employé.** Dans la tourelle française en fonte dure décrite précédem-ment, les canons reculent non pas suivant leur axe, mais toujours suivant un déplacement horizontal; l'embrasure ne peut donc être réduite à son minimum c'est-à-dire aux dimen-sions de la volée; il n'en est pas de même dans la tourelle de S<sup>t</sup> Chamond. Dans cette tourelle, le principe de l'affût employé est le suivant : 1° Pendant le recul, le canon se meut sur son affût dans la direction de la ligne de tir, c'est-à-dire suivant le prolongement de son axe; ce recul est limité à moins de 40<sup>cm</sup>, par un frein qui réalise en outre la rentrée automa-tique du canon en batterie.

2° Le canon peut se mouvoir avec l'affût lui-même autour d'une cheville-ouvrière horizontale, fixée à l'aplomb de l'embrasure au bâti en tôle constituant la couronne C qui supporte le cuirassement; et peut par suite recevoir une in-clinaison variant de − 5° à + 25°.

Dans cette rotation, la position réelle de l'axe du canon se superpose à très-peu près à la position parallèle qu'il occupe-rait s'il tournait autour du centre de l'embrasure. Comme d'ailleurs il recule suivant son axe, quel que soit l'angle de tir, il en résulte que les dimensions de l'embrasure peuvent être réduites au strict minimum.

**Description succincte de l'affût et des freins.** L'affût se compose de deux flasques reliés à l'avant à une flèche d'affût en forme de T qui emboîte la cheville-ouvrière. Cette flèche est une pièce à double retour d'équerre comprenant un levier E et une traverse I à angle droit qui entretoise les flasques d'affût.

## Coupe ab

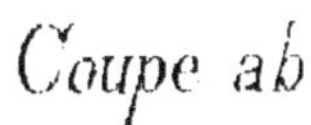

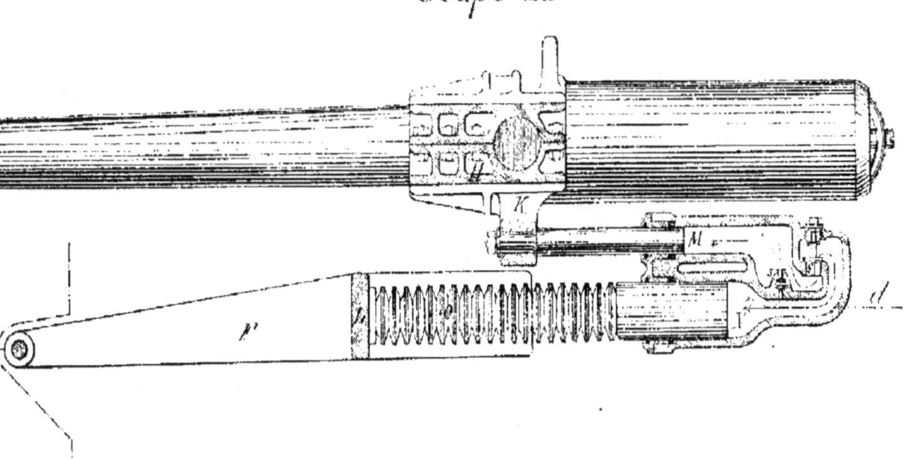

## Coupe cd

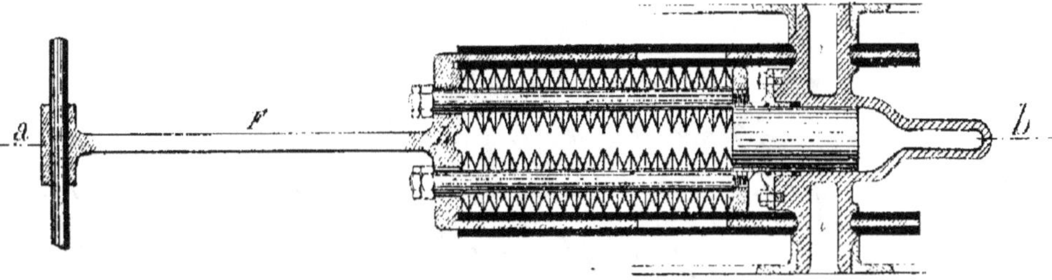

Pour permettre le recul du canon, les flasques sont percés de deux fenêtres formant glissières rectilignes, dans lesquelles les canons se meuvent par l'intermédiaire de deux coulisseaux formant jaquette H, ajustés sur les tourillons ; ces deux coulisseaux sont réunis sous la pièce à un appendice K auquel est relié le frein hydraulique limitant le recul.

Ce frein placé sous le canon entre les deux flasques, est porté par ceux-ci : il se compose de deux corps de pompe parallèles M et N, de diamètres inégaux, respectivement de 0m.12 et 0m.20, superposés, et communiquant entre eux par une soupape de retenue S.

Le piston du corps de pompe supérieur M, qui est le plus petit, est fixé à l'appendice déjà mentionné et ainsi relié à la jaquette du canon. Le corps de pompe inférieur N sert d'accumulateur; la tête de son piston est chargée de deux rangées de ressorts-Belleville O prenant appui d'une part sur la tête du piston, de l'autre sur l'entretoise de flèche d'affût. Enfin le corps de pompe inférieur est rattaché à l'affût par deux tenons t qui traversent les flasques et portent à l'extérieur deux coulisseaux qui se meuvent dans deux glissières courbes JJ (voir fig 5^{bis}) visées aux faces internes des panneaux verticaux en tôle et concentriques à la cheville-ouvrière d'affût. Ces glissières guident les mouvements de l'affût pendant le pointage en hauteur et supportent tout l'effort du recul.

Quand la pièce est en batterie, le piston supérieur est presque entièrement sorti de son corps de pompe qui est plein de liquide; le piston inférieur est au contraire rentré dans le sien, et l'accumulateur est chargé sous une pression initiale de 8000 kil. donnée aux ressorts Belleville, qui tend à maintenir la pièce en batterie et est suffisante pour assurer l'immobilité du système sous tous les angles.

Pendant le recul, le liquide du petit corps de pompe est refoulé dans le grand en traversant la soupape de

---

(1) Ces ressorts sont montés sur deux tiges filetées, vissées sur la tête élargie du piston inférieur, et glissant dans deux trous alésés dans l'entretoise de flèche d'affût. Ces tiges sont terminées à l'avant par deux écrous sur lesquels on agit pour donner aux ressorts une compression initiale.

retenue S et le grand piston comprime les ressorts Belleville, jusqu'à ce que le travail du recul soit absorbé. À la fin du recul, le grand piston ne rentre pas spontanément dans son corps de pompe, la communication de celui-ci avec l'autre étant interceptée par la soupape de retenue précitée; le canon reste donc hors de batterie. Pour le ramener en batterie, on rétablit cette communication en agissant sur une petite vis soupape s, au moyen de laquelle on est maître de produire, aussi lentement que l'on veut, la rentrée du liquide dans le petit corps de pompe sous l'action des ressorts Belleville, et par suite la remise en batterie; on ferme ensuite la soupape de décharge.

*Contrepoids d'équi-libre des affûts-canons.* — Chacun des affûts portant un canon est équilibré par un contrepoids r de 3500 kilogr. établi sous les panneaux en tôle à l'avant du chapeau du pivot, et dont le mouvement est guidé de manière à éviter toute oscillation. Chaque contrepoids est suspendu à deux chaînes qui passent sur des poulies de renvoi V et V' et sont attachées en arrière des flasques. On en a déterminé le poids de façon à assurer à l'ensemble du canon et de l'affût une prépondérance de 500 kilogs.

*Pointage en hau-teur.* — Pour effectuer le pointage en hauteur, on fait tourner l'ensemble du canon et de l'affût autour de la cheville-ouvrière à l'aide d'une petite presse hydraulique, composée d'un cylindre T oscillant autour d'un axe horizontal Z dont le piston est articulé à la partie inférieure des flasques, ou plus exactement du gros cylindre du frein ; on injecte le liquide dans ce cylindre à l'aide d'une pompe à main p fixée à l'extérieur du panneau latéral correspondant.

Au moyen de cette presse, on peut ainsi amener un index porté par le frein en face de la division convenable d'une graduation fixée à l'une des glissières.

*Pointage en direction.* — Le pointage en direction s'obtient comme dans la tourelle française en fonte dure au moyen d'une circulaire de pointage c, graduée en degrés et millimètres et fixée à la cuve en maçonnerie, à hauteur convenable au-dessus du sol de l'étage intermédiaire.

Le feu est mis automatiquement par l'électricité, lorsque dans le mouvement de rotation de la tourelle le ressort de mise de feu, fixé à la partie inférieure de la couronne en tôlerie C, vient heurter le taquet du curseur correspondant, préalablement fixé à la graduation convenable de la circulaire de pointage.

La tourelle peut donc exécuter un tir continu sans arrêt obligé pour le pointage ou le chargement.

*Caractéristique de ce système de tourelle.* — Dans le système que nous venons d'exposer, on a vu que les mécanismes servant au tir et au pointage des canons sont indépendants de la carapace cuirassée. Les déformations que ce cuirassement peut éprouver à la suite d'un tir prolongé n'influent donc pas sur la justesse du tir.

Dans la coupole allemande que nous allons décrire, le principe qui a guidé le constructeur Grüson d'après les dispositions empruntées au Major Schumann est inverse.

## II. — Coupole allemande Grüson, dite « affût cuirassé Schumann » (figures 6).

Dans cette coupole, les canons sont reliés directement à l'enveloppe cuirassée qui leur sert d'affût, ce qui a pour but de simplifier la construction, et de supprimer le recul. A proprement parler, cet engin n'est autre qu'un affût cuirassé, ainsi que l'a appelé son inventeur, le Major prussien Schumann.[1]

Aussi est-il à craindre à priori que les déformations qui se produisent sur la carapace n'atteignent la justesse du tir ; ce fait n'a pas manqué de se produire ainsi qu'on le verra plus loin.

Voici les dispositions essentielles de cette coupole établie pour 2 canons Krupp de 15 $^{cm}$ long :

Cuirassement mobile.

Le cuirassement mobile est constitué par la réunion de 7 plaques de 0$^m$20 d'épaisseur, savoir : une plaque du milieu hexagonale et 6 plaques de pourtour en forme de voussoirs sphériques ; la plaque du milieu, la plaque des embrasures et les deux plaques contiguës à cette dernière sont en fer laminé, les trois autres en métal Compound (7$^{cm}$ d'acier sur 13$^{cm}$ de fer) ; elles sont réunies entre elles par des goujons en forme de queue d'aronde et assemblées au moyen de boulons sur un doublage intérieur en tôle de 2 épaisseurs de 20$^{mm}$ chacune dont le but est

Doublage intérieur en tôle.

---

[1] Toutefois Schumann ayant toujours préconisé obstinément les coupoles à un canon, a décliné toute responsabilité relativement à la coupole à 2 canons construite par l'usine Grüson pour les expériences de Bucharest, et dont la plupart des dispositions lui ont été empruntées.

de soutenir les morceaux de métal qui viendraient à se détacher sous l'action du tir et de les empêcher de tomber à l'intérieur.

Au-dessus de chacune des embrasures, qui sont percées dans la même plaque et distantes d'environ 1 mètre, la plaque présente un renflement qui renforce la cuirasse, en diminuant en ce point son inclinaison sur l'horizon.

*Trou d'homme.* La plaque centrale est percée d'un trou d'homme qui sert à donner de l'air, de la lumière et à pointer la pièce.

La calotte sphérique dont l'angle avec l'horizon ne dépasse pas 30° émerge de 0m85 seulement au-dessus de la plongée en béton de ciment qui l'entoure ; celle-ci est couronnée *Avant-cuirasse.* d'une avant-cuirasse en fonte dure, analogue à celle des tourelles déjà décrites, reposant sur le sommet du mur circulaire de la cuve en maçonnerie, dans lequel sont pratiquées huit niches servant de dépôts de munitions : l'avant-cuirasse est entourée d'une collerette en béton de ciment précédée elle-même d'un parapet en sable.

*Pivot.* Le cuirassement mobile repose tout entier sur un pivot central en acier au moyen d'une tôlerie comprenant 3 panneaux verticaux entretoisés et reliés à un chapeau formant crapaudine qui emboîte la tête d'un pivot habituellement fixe, la tourelle peut prendre autour de ce pivot un léger mouvement d'oscillation, limité par 4 tampons à galets ou galets à *Galets à ressorts.* ressorts qui sont fixés au pourtour de la cuirasse (2 sur les côtés des canons et 2 symétriquement en arrière) et s'appuient sur un rail circulaire reposant à la partie supérieure de la cuve en maçonnerie. Ces 4 galets sont destinés à maintenir la coupole en équilibre sur le pivot, à assurer la verticalité de l'axe du système et à amortir les oscillations.

Le pivot est à vis et peut tourner dans un écrou fixe, soit à l'aide de 4 leviers que l'on engage dans des douilles formant corps avec la tête du pivot (disposition représentée sur les figures), soit à l'aide d'une roue dentée commandée par une vis sans fin (disposition adoptée dans la tourelle d'expérience et non représentée) : on peut ainsi soulever l'ensemble de la coupole, soit pour faciliter le mouvement de rotation en déchargeant plus complètement les quatre galets, soit pour augmenter l'espace annulaire compris entre le bord de la calotte et l'avant-cuirasse et permettre d'enlever les débris qui y seraient coincés, en élevant au besoin le pivot de 0m,15.

Rotation de la
tourelle.
Le mouvement de rotation est donné à bras au moyen de 4 aides agissant sur des leviers qui actionnent les galets de roulement des consoles d'équilibre ; à Bucharest, le mouvement de rotation était en outre facilité au moyen d'un jeu d'engrenages (deux manivelles agissant sur 2 pignons qui engrènent avec une couronne dentée horizontale enchâssée dans le socle de la construction) ; cette dernière disposition n'est pas représentée sur les figures.

Canons sans recul.
Dans ce système, les canons sont sans recul, et font corps avec le cuirassement mobile. Chaque canon est pris entre un pivot horizontal du côté de la bouche et un buttoir circulaire du côté de la culasse. A cet effet, sur l'extrémité de la volée, est

50

rivé un collier muni de deux tourillons portant dans des coussinets[1] rivés contre les parois latérales de l'embrasure ; d'autre part, la culasse est prolongée par une vis creuse que coiffe un écrou ; pour maintenir la pièce dans une position quelconque, il suffit de serrer fortement la tête de l'écrou contre le buttoir formé de deux glissières circulaires concentriques aux tourillons de la volée.

Cette disposition rendant le canon solidaire du cuirassement supprime le recul, ou plutôt le transforme en un mouvement d'oscillation de toute la coupole autour du pivot, mouvement de faible amplitude, limité par les galets à ressorts.

*Contrepoids d'équilibre.* — Ajoutons que chaque canon est suspendu par la culasse à deux chaînes passant sur des poulies et équilibré par des contrepoids placés à l'autre extrémité et légèrement prépondérants.

*Pointage en hauteur.* — Pour donner l'inclinaison à la pièce, on agit sur un treuil autour duquel s'enroule ou se déroule une 3ᵉ chaîne fixée à la culasse ; on lit l'angle sur un arc gradué vissé sur une des glissières circulaires de la culasse.

*Pointage en direction.* — Le pointage initial est toujours exécuté directement sur le but : on emploie donc le pointage direct. A cet effet, une tige de visée et un guidon sont fixés à l'extérieur de la coupole dans le plan méridien parallèle aux axes des deux canons.

Le pointeur-servant passant sa tête à travers le trou

---

[1] La disposition des coussinets n'apparaît pas sur les figures d'ensemble par suite de la position du plan de coupe qui se confond avec le plan diamétral de symétrie de la coupole ; elle est représentée dans un détail spécial (figures 6 de l'atlas).

d'homme, auquel il accède par un petit escalier, dirige la rotation de la tourelle de manière que la ligne de mire ainsi constituée passe par le but.

Dans ce mouvement, une graduation circulaire fixée au-dessous du rail des galets est parcourue par un index fixé à la coupole, et permet de repérer la direction pour les coups suivants.

On peut encore pointer sur le but au moyen d'un canal ou trou de visée percé horizontalement suivant le même plan méridien, mais du côté opposé aux embrasures. Le pointeur dirige cette ligne de mire sur le but, et il suffit ensuite de faire tourner la tourelle de 180° pour que les pièces soient pointées en direction.[1]

On peut donner aux pièces toutes les inclinaisons comprises entre $-5°$ et $+25°$. Pour charger commodément, on est obligé de les disposer sous l'angle de 13° environ, de sorte qu'il est nécessaire de recommencer le pointage à chaque coup.

Remarque.

Remarquons que tout le personnel et le matériel sont réunis dans le même local sous la coupole et restent immobiles tant que celle-ci tourne. Il en résulte que l'on ne peut charger et mettre le feu aux pièces, que lorsque la tourelle n'est pas en mouvement.

Cette immobilité de la coupole est la condition normale de son emploi et la rotation sert uniquement pour le pointage.

Poids du cuirassement.

Le poids total du cuirassement sphérique est de 46 tonnes, celui de l'anneau fixe de 70 tonnes.

Le prix de revient de cette tourelle est sensiblement inférieur à celui de la tourelle de St Chamond (190.000 fr. au lieu de 230.000 fr. sans les canons, mais avec les affûts).

---

[1] L'emploi de ce procédé suppose que l'on vise un point situé sensiblement à même hauteur que l'œil du pointeur placé à l'orifice du canal de visée.

## (c) Programme général et principaux résultats des expériences de Bucharest[1].

Nous arrivons maintenant à parler des expériences exécutées au polygone de Cotroceni, près de Bucharest, sur les deux tourelles française et allemande que nous venons de décrire sommairement, seuls types présentés au concours qu'institua le gouvernement roumain à la fin de 1885[2] dans le but de se rendre compte de la valeur des tourelles et de faire choix des meilleurs cuirassements à adopter pour les fortifications projetées autour de Bucharest, dont le système devait être basé sur un large emploi des tourelles.

Nous nous bornerons à faire connaître les résultats les plus intéressants de ces expériences.

Caractères distinctifs des deux tourelles. — Les caractères distinctifs des deux engins soumis aux expériences peuvent être résumés comme il suit :

Pour la coupole allemande : 1° Forme de calotte sphérique, peu visible de loin, favorable aux ricochets.

2° Solidarité complète du cuirassement et des affûts ; par suite suppression du recul.

3° Pointage direct (initial tout au moins, et jusqu'à réglage du tir, qui peut être ensuite repéré).

---

(1) La plupart des renseignements qui suivent proviennent de la Revue Militaire de l'Étranger (Juin 1886).
(2) Décembre 1885 et Janvier 1886.

4° Immobilité de la coupole pendant le pointage et le tir, la plateforme sur laquelle sont les servants étant fixe et non entraînée dans la rotation comme dans la tourelle française.

5° Réunion de tous les mécanismes et de tout le personnel dans dans le même local, où les servants seuls sont nécessaires.

6° Emploi de boulons pour les assemblages.

Pour la tourelle française : 1° Forme cylindrique offrant une cible plus étendue et plus visible de loin, exposée aux coups normaux, entraînant par suite une plus grande épaisseur de cuirassement.

2° Indépendance du cuirassement et des affûts.

3° Pointage indirect fait une fois pour toutes pour un même objectif.

4° Possibilité de charger, de pointer et de mettre le feu sans arrêt du mouvement de rotation, condition normale de l'emploi de la tourelle.

5° Division de la tourelle en 3 étages et par suite, indépendance du moteur et de son personnel, du service des approvisionnements et de celui des bouches à feu.

6° Suppression de tout boulon ou rivet dans le cuirassement mobile.


## Programme général des expériences.

Les expériences portèrent sur les points principaux suivants :

1° Justesse du tir et fonctionnement du mécanisme des coupoles pendant le tir et pendant l'attaque.

2° Résistance du cuirassement au tir des canons et des mortiers de siège, puis au tir en brèche continué jusqu'à perforation.

3° Résistance des embrasures au tir dirigé contre leur pourtour.

4° Résistance des avant-cuirasses au tir en brèche continué jusqu'à perforation.

5° Manœuvres de force; remplacement d'une bouche à feu au cours des expériences.

## I - Justesse du tir et fonctionnement des mécanismes des tourelles.

Deux séries d'expériences furent faites dans le but d'apprécier la justesse du tir des canons tirant à 2500ᵐ et la facilité de service des 2 tourelles, soit avant, soit après le tir d'attaque. Au début, on constata des résultats sensiblement égaux tant dans la justesse que dans les facilités du tir des deux engins [1]; dans la suite, le tir de la coupole allemande parut avoir éprouvé une diminution très-appréciable de justesse provenant des déformations du système, tandis que celle de la tourelle française n'était nullement altérée et cela lorsque le cuirassement était arrivé à sa limite de résistance et que la brèche était faite.

## II - Résistance des Cuirassements.

Tir en brèche avec des projectiles ogivaux.

L'attaque contre les cuirassements fut exécutée avec des projectiles ogivaux en acier trempé; les deux ouvrages présentèrent à peu près la même résistance vis-à-vis de ce tir. Le tir en brèche

---

[1] La justesse du tir a été en tous points comparable à celle des batteries de place à ciel ouvert, souvent même supérieure. (Un résultat analogue avait du reste été constaté depuis longtemps dans les tirs d'école exécutés périodiquement avec les tourelles françaises en fonte dure).

fut d'abord dirigé contre les voussoirs opposés aux embrasures (métal Compound pour la coupole, fer laminé pour la tourelle) par une batterie d'attaque de 3 pièces (2 canons Krupp de 15 ᶜᵐ longs et 1 canon de Bange de 155 long) tirant à 1000 ᵐ puis poursuivi jusqu'à perforation des cuirasses par un canon Krupp à même distance. Les 2 cuirassements furent considérés comme mis en brèche au bout d'un même nombre d'atteintes, 63 sur chacun; on put donc considérer leurs résistances intrinsèques comme équivalentes dans le cas du tir dont il s'agit. Seulement il y a lieu de faire remarquer que ces 63 atteintes nécessitèrent la consommation de 139 projectiles contre la coupole allemande et 94 seulement contre la tourelle française (proportion des 2/3). Cette différence tient à la plus grande visibilité de l'ouvrage français due à plusieurs causes: sa forme d'abord qui offrait une cible plus étendue que la calotte, ensuite sa hauteur sensiblement plus élevée que dans l'autre. La forme de calotte sphérique de la tourelle allemande présentait donc, à ce point de vue, un réel avantage sur la forme cylindrique de la tourelle française, qui devra être abandonnée.

Pénétration et perfora- 1° En ce qui concerne la tourelle française, la pénétration dans tion. 1° fer laminé ; le fer laminé d'un projectile isolé ne dépassa pas 23 ᶜ/ₘ ; 3 projec-
2° métal mixte. tiles qui se superposèrent au point le plus faible du cuirassement, c'est-à-dire sur le joint de 2 plaques verticales, tout près de la bordure du toit détachèrent un morceau de fer de 25 centimètres d'épaisseur en laissant à découvert le bord de la plaque de toiture.

À la fin, un certain nombre de projectiles groupés vers cette même partie supérieure, c'est-à-dire à l'endroit le plus vulnérable de la cuirasse, mais non au même point que le centre de groupement précédent, donnèrent lieu à une pénétration maxima de 0ᵐ40 ; en outre, la plaque était fendue sur toute son épaisseur et il ne restait que 5 centimètres de métal ; on considéra la brèche comme faite.

2º En ce qui concerne la tourelle allemande, la plupart des projectiles se brisèrent d'abord, en ne produisant que de faibles empreintes, mais déterminant de nombreuses fissures traversant toute la couche d'acier du métal Compound : dans la suite, la couche d'acier de 0.07 d'épaisseur de la plaque Compound fut séparée et enlevée sur une étendue de 1 mètre carré laissant à nu le fer laminé qui fut à son tour entamé et fortement fissuré sur une profondeur atteignant 8ᶜᵐ en certains points, en sorte qu'un seul coup arrivant en un de ces points eût probablement perforé la cuirasse : on jugea donc que la brèche pouvait être considérée comme faite.

Remarques.   Les deux voussoirs attaqués présentèrent, avons-nous dit, dans les deux tourelles à peu près la même résistance au tir auquel ils furent soumis, (dont les effets se sont traduits par l'ouverture d'une brèche à la suite d'un même nombre d'atteintes) Mais il y a lieu de remarquer que, tandis que cette brèche dans la coupole s'était produite au milieu d'un voussoir, c'est-à-dire dans une partie forte et résistante de la construction, elle se trouvait au contraire dans la tourelle placée à un point faible de l'ouvrage, à la crête supérieure du cuirassement vertical.

De plus la tourelle a subi 37 coups par mètre carré et la coupole n'en a reçu que 30 pour arriver au même résultat de destruction, ce qui indique une supériorité de résistance du fer laminé sur le métal

Compound.

· Conclusion ·

On peut donc conclure de ce qui précède, qu'en combinant la forme ronde avec l'emploi du fer on réaliserait la solution la plus avantageuse pour la résistance.

Observations sur l'emploi exclusif de projectiles de rupture ogivaux.

Les résultats comparatifs de destruction dont il vient d'être question ont été obtenus par l'emploi exclusif de projectiles de rupture ogivaux qui ne sont pas les seuls dont dispose l'artillerie de siège.

Il est probable que cette équivalence des deux ouvrages au point de vue de la résistance ne se serait pas maintenue si l'on avait attaqué chacun d'eux avec le genre de projectiles le plus dangereux pour lui, c'est-à-dire les projectiles ogivaux contre les cuirasses verticales en fer laminé, et contre les cuirasses obliques ou courbes les projectiles à tête plate, qui eussent ricoché moins facilement sur les surfaces inclinées et auraient pu par suite, y produire des effets plus considérables : cette épreuve seule, qui ne fut pas faite, eût été décisive.

## III. Résistance des embrasures à un tir contre leurs bords.

Elle fut éprouvée par un tir fait à 50ᵐ (correspondant à une distance fictive de 1000ᵐ) avec un canon Krupp de 15ᶜ et un canon de Bange de 155.

On constata après un certain nombre de coups tirés contre les deux tourelles, dont chacun des sabords visés avait été atteint plusieurs fois, que les faux canons en bois ou en fonte qu'on avait placés dans les tourelles avaient eu leur volée brisée ; dans le cas de la tourelle, l'introduction dans son embrasure du canon véritable eut lieu sans difficultés, car les bavures produites étaient très faibles, mais demanda un temps assez long par suite de l'exiguité de l'espace intérieur de cette tourelle.

Dans la coupole au contraire, il fallut enlever les bavures à la lime (le métal était donc trop doux et inférieur au métal français) et en outre les supports ou pièces d'encastrement des tourillons de la volée avaient été brisés et il eût été nécessaire de procéder préalablement à leur remplacement (opération longue) avant de replacer le canon ; la mise en place seule du canon était plus rapide que dans la tourelle française dont les dimensions trop réduites sont une gêne pour cette opération. Au point de vue de la facilité des manœuvres de force, l'avantage comme rapidité revient donc à la coupole allemande.

## IV.. Résistance du cuirassement au tir vertical.

Les expériences ne permirent pas de l'évaluer, car sur 164 projectiles tirés à 2500 m par 2 mortiers Krupp de 21 c/m, aucun n'ayant atteint les coupoles, on renonça à poursuivre les expériences. Ce résultat a permis d'abord de conclure que les effets du tir vertical à 2500 m contre une tourelle sont beaucoup moins dangereux que ceux du tir de plein fouet. Mais par contre, on constata que tous les coups étaient tombés dans un rectangle dont la surface ne dépassait pas celle d'un fort de moyenne grandeur, dont la situation eût été rendue intenable pour le personnel et le matériel à ciel ouvert sur les remparts. En ce qui concerne la pénétration dans les terres, on reconnut, ainsi qu'on l'a déjà signalé dans la 2e section, qu'elle dépassait 4 m avec des projectiles de 3 calibres ½ dans un terrain vierge très-consistant, même gelé.

## V. – Résistance des avant-cuirasses.

Après avoir mis à nu la fonte des collerettes par un tir préalable contre le béton les entourant, on attaqua les avant-cuirasses avec des projectiles de rupture de 15 <sup>cm</sup> tirés à 50 <sup>m</sup> (distance fictive de 1000 <sup>m</sup>). L'avant-cuirasse française fut atteinte en des points très-rapprochés par 10 projectiles qui ne produisirent d'autres effets que des fissures superficielles ; 6 coups suffirent au contraire pour détacher à l'intérieur un gros morceau de voussoir de l'avant-cuirasse de la coupole allemande, moins résistante sans doute en raison de son profil moins fuyant.

## VI. – Mécanismes intérieurs.

Pendant toute la durée des expériences, les mécanismes de la tourelle française se sont conservés en parfait état et fonctionnaient aussi bien à la fin qu'au commencement [1]. Il ne s'est produit ni rupture ni difficulté de manœuvre. La tourelle a toujours été habitable ; la meilleure preuve réside dans le fait que pendant le tir, un grand nombre d'officiers et le roi de Roumanie lui-même y restèrent enfermés, ce qu'on se serait bien gardé de faire dans la coupole.

---

[1] Le 20 janvier 1886, par un temps d'épais brouillard, la tourelle française après le tir de démolition dont elle avait été l'objet, exécuta un tir rapide de précision de 20 salves à 2500 <sup>m</sup> de distance. Vingt-cinq points de chute se trouvèrent groupés dans un rectangle de 10 <sup>m</sup> de long sur 0.50 de largeur (résultat équivalent, dans le cas du tir contre une cible, à 62 % des coups groupés dans un demi-mètre carré.

Au contraire, la justesse du tir de la tourelle allemande parut avoir été sensiblement diminuée par suite des dislocations produites dans le cuirassement.

Dans la coupole, de nombreux accidents se sont produits : quelques-uns des organes des mécanismes de rotation se sont brisés et ont dû être remplacés, un grand nombre de boulons, vis, débris métalliques de toute nature tombaient constamment dans l'intérieur de la coupole, tant pendant son propre tir que pendant le tir d'attaque et rendaient très-dangereuse la situation du personnel.

Dans cet engin, tous les mécanismes fatiguent beaucoup, en particulier, les tampons ou ressorts destinés à rétablir la verticalité de l'axe, après les oscillations produites soit par son propre tir, soit par le choc des projectiles de l'attaque.

Au bout de peu de temps, cette verticalité ne s'obtient plus, il en résulte une indécision constante dans l'angle et la direction des pièces, un réglage de tir très-difficile et des écarts considérables. La vitesse de rotation est toujours bien plus faible que dans la tourelle, ce qui constitue un désavantage au point de vue de l'effet utile du tir et de la valeur offensive de l'ouvrage.

Résumé.

En résumé, la coupole allemande s'est montrée : équivalente à la tourelle française au point de vue de la résistance intrinsèque du cuirassement au tir des projectiles ogivaux ; supérieure au point de vue de la durée de cette résistance (puisqu'il a fallu tirer plus de coups pour la toucher un même nombre de fois), ainsi qu'au point de vue de la facilité des manœuvres de force ; inférieure sous tous les autres rapports, solidité de construction, sécurité intérieure, rapidité du tir, résistance de l'avant-cuirasse. Dans ces conditions, les avis ont pu et peuvent encore être partagés au sujet de la supériorité à accorder en dernière analyse à l'une des coupoles sur l'autre.

Conclusions

Des enseignements précieux se dégagent néanmoins des expériences de Bucharest, à savoir :

1º Que la forme sphérique, considérée en elle-même, présente un réel avantage sur la forme cylindrique parce qu'elle oppose aux projectiles des surfaces inclinées favorables à la résistance au tir en brèche, qu'elle est moins visible et qu'elle diminue pour la coupole les chances d'être atteinte.

2º Que le principe de la solidarité du cuirassement avec l'affût et celui de la suppression brutale du recul semblent devoir être rejetés parce qu'ils compromettent la solidité de la construction et la sécurité intérieure de la coupole; il en est de même de l'emploi des boulons et rivets.

Les principes inverses appliqués dans la tourelle française sont au contraire très-rationnels et ont subi victorieusement la sanction de l'expérience.

On peut donc espérer arriver à une bonne solution en combinant la forme du cuirassement allemand avec les principes d'organisation de la tourelle française. Seulement pour réaliser cette forme, on est obligé de se préoccuper de se pourvoir des moyens mécaniques de fabrication appropriés, de façon à pouvoir fabriquer une calotte sphérique en fer laminé de 0,20 à 0,25 d'épaisseur et de 5 à 6$^m$ de diamètre intérieur au moyen du nombre de voussoirs le plus restreint possible, pour simplifier leur mode de réunion et éviter l'emploi dangereux de boulons qui se détachent sous le choc des projectiles ennemis.

La forme cylindrique du cuirassement deviendrait admissible, si l'on parvenait à soustraire le cuirassement aux vues et aux coups directs de l'ennemi, par exemple au moyen d'un système à éclipse qui ne l'élèverait au-dessus de la plongée que pendant le temps très-court nécessaire pour faire feu.

Peut-être conviendrait-il également dans le cas de la calotte sphérique de porter son épaisseur à 0,25 ou 0,30 pour la mettre en état de résister au tir des projectiles à tête plate et pour accroître l'inertie du système.

# Chapitre 2.

## Des Cuirassements après 1885[1].

Au moment même où s'engageaient les expériences de Bucharest, on fut informé en France de l'adoption faite par l'Allemagne d'obus-torpilles, c'est-à-dire de projectiles à grande capacité, chargés d'explosifs brisants analogues à la dynamite.

La valeur des cuirassements se trouva ainsi remise en cause : On connaissait déjà par de nombreuses expériences faites avec la dynamite les effets considérables de rupture que produisent les explosifs brisants au contact des pièces métalliques. On entreprit tant en France qu'à l'étranger de se fixer au plus tôt par des expériences directes sur l'influence des nouveaux projectiles au point de vue de la résistance des cuirassements.

---

[1] Les renseignements qui suivent proviennent, pour la plupart, de publications récentes faites dans la *Revue militaire de l'Étranger*, la *Revue d'Artillerie*, la *Revue du Génie*, le *Génie civil*, la *Nature*, la *Science Illustrée*, les deux derniers ouvrages du Général Brialmont (*Influence du tir plongeant et des obus-torpilles sur la Fortification*, et *Les Régions-fortifiées*), et l'ouvrage du Général Piernon (*Méthodes de Guerre*, 2e Édition, tome 1er, 2e Partie, Appendice)

Les résultats obtenus à Bucharest, ainsi que les progrès réalisés depuis par l'industrie dans la fabrication des blindages furent naturellement mis à profit lors de la construction des types de cuirassements à expérimenter.

En France, des expériences très importantes eurent lieu en 1887-88 au Camp de Châlons, après celles de la Malmaison et de Bourges; elles portèrent sur deux types de tourelles: l'une simplement tournante en fer laminé du Commandant Mougin, (construite par la Cie de St Chamond) l'autre à éclipse, en métal mixte du Lt Colonel Bussière (construite par la Cie de Fives-Lille en collaboration avec celle de Châtillon et Commentry.) Nous allons faire connaître les dispositions des organes essentiels de ces tourelles.[1]

## §1er.— Description sommaire des deux types de tourelles soumis aux expériences de Châlons.

### I.— Tourelle tournante de St Chamond en fer laminé (Figures 5 bis)
### (Type à calotte sphérique présenté après les expériences de Bucharest.)

La Compagnie de St Chamond présenta au mois d'Avril 1886 un nouveau projet de tourelle tournante en fer laminé pour 2 canons longs de 155 mm dans lequel on tenait compte des critiques soulevées au sujet de la tourelle de cet établissement, précédemment

---

[1] Les expériences portèrent en outre sur un ciel en acier coulé d'un type de tourelle pour canon court (construit par l'usine de Montluçon de la Cie de Châtillon et Commentry).

soumise aux expériences de Bucharest.

Les critiques portaient, ainsi qu'on l'a vu, sur deux points principaux : 1° sur la forme cylindrique donnée au cuirassement, reconnue moins avantageuse que la forme de calotte sphérique, au point de vue de la résistance au tir en brèche, de la visibilité des chances d'atteinte. 2° sur la dimension par trop réduite du diamètre de la tourelle, peu convenable au point de vue des facilités de service, des manœuvres de force, et en particulier des opérations éventuelles de remplacement d'un canon au cours du tir.

**Principales modifications apportées au type de Bucharest.** Dans le nouveau type, la forme du cuirassement mobile et le diamètre de la tourelle ont seuls été modifiés ; les dispositions intérieures sont les mêmes que dans la tourelle de Bucharest[1].

Le cuirassement mobile a la forme d'une calotte sphérique très surbaissée dont la base a près de $6^m50$ de diamètre extérieur et la flèche $1^m$ de hauteur ; il est formé de 3 plaques en fer laminé de $0^m24$ d'épaisseur, dont les joints sont dans des plans verticaux parallèles au plan de tir des canons.[2]

En vue de prévenir l'ouverture de ces joints, on leur a donné une forme en agrafes à queue d'aronde. En outre, deux robustes fers à T, UU, les soutiennent intérieurement, dans le but d'empêcher tout mouvement vertical de l'une des plaques par rapport à la voisine sous le choc des projectiles. Les embrasures

---

[1] Ce qui correspond à un diamètre intérieur de près de $5^m50$ pour la couronne en tôlerie C, au lieu de $3^m90$ qu'il avait dans le type de Bucharest.

[2] Cette disposition fait disparaître en grande partie le reproche adressé aux voussoirs rayonnants de la Coupole Grüson de donner lieu à une poussée au vide sous le choc des projectiles.

percées toutes deux dans la plaque du milieu sont distantes de 1 mètre d'axe en axe et ont 0ᵐ37 de diamètre à la partie la plus rétrécie ; chacune d'elles est renforcée extérieurement par un renflement du métal en forme de bourrelet ; elles sont incomplètement obturées par la volée des pièces, la bouche de ces dernières est en saillie de 0ᵐ50 environ sur la surface extérieure du cuirassement.

Les diverses autres parties de la tourelle sont semblables à celles de la tourelle de Bucharest.[1]

Signalons toutefois l'adoption d'un obturateur en caoutchouc O, placé circulairement autour de la surface extérieure de la couronne-support en tôlerie C, et destiné à couvrir le joint existant entre cette tôlerie et la face verticale de la circulaire de roulement des organes directeurs de la tourelle. En empêchant ainsi toute communication de l'extérieur avec l'intérieur de la tourelle, on a pour but de mettre la chambre à canons à l'abri des effets destructeurs du souffle et de l'action délétère des gaz provenant de l'explosion des obus-torpilles qui viendraient à éclater dans le voisinage du jeu existant entre le cuirassement mobile et l'avant-cuirasse.

## Observation.

Inconvénient général de l'emploi des tourelles simplement tournantes. — Idée de l'éclipse.

Les expériences de Bucharest et les discussions qui les ont suivies avaient déjà fait ressortir la facilité relative avec laquelle on peut faire brèche au cuirassement d'une tourelle, quelle que soit sa

---

[1] Se reporter pour leur description au chapitre précédent : on a adopté sur les figures 5 bis les mêmes lettres que sur les figures 5 pour les parties identiques des deux tourelles.

On se rend de l'étage intermédiaire à la chambre à canons par deux escaliers-échelles disposés de chaque côté du pivot et correspondant à chacune des pièces.

forme, du moment où étant constamment vue de l'ennemi, elle peut être soumise de sa part à un tir direct facile à régler. Cette conclusion a été confirmée depuis par les expériences les plus récentes. C'est là un inconvénient général, inhérent à l'emploi des tourelles simplement tournantes, et qui semble devoir subsister forcément plus ou moins, quels que soient les perfectionnements successifs apportés à la fabrication des blindages.

Pour accroître la durée de la résistance des cuirassements, il importe donc de les dérober dans tous les cas aux vues de l'ennemi, et autant que possible à ses coups répétés sur un même point. Pour y parvenir, on a proposé, soit de masquer la tourelle par un rideau de plantations, sans toutefois gêner le tir et l'observation des coups, soit mieux de l'établir à demeure derrière un massif protecteur, quitte à renoncer à lui faire exécuter du tir tendu, soit enfin d'animer la tourelle d'un mouvement vertical alternatif permettant de l'éclipser aux vues et aux coups toutes les fois qu'elle n'aura pas à tirer, et de ne la faire émerger de son massif protecteur que juste le temps nécessaire pour faire feu.

Nous allons faire connaître les principes d'organisation du type de tourelle à éclipse pour canons longs de gros calibre proposé par M. le Chef de Bataillon du Génie Bussière, aujourd'hui Colonel.

## II.— Tourelle à éclipse pour canons de gros calibre (Figures 7).

### (Type du Colonel du Génie Bussière).

En 1885, au moment même des expériences de Bucharest, Monsieur le Commandant Bussière, qui avait remplacé

M. le Commandant Mougin comme Chef du service des cuirassements présenta un projet(1) de tourelle à éclipse pour canons de gros calibre.

*Principe de cette tourelle.* — Ce système a pour but de soustraire complètement l'engin aux coups de plein fouet pendant les intervalles de son tir, en ne laissant exposée que la toiture aux coups incertains d'ailleurs du tir plongeant ou vertical; en outre, pendant les périodes d'action, de réduire à quelques secondes le temps pendant lequel les pièces étant en batterie pour faire feu, la tourelle risque d'être atteinte sur son pourtour par des coups isolés, en n'ayant que fort peu à craindre une superposition de coups sur un même point.

A cet effet, pendant le repos, l'engin est descendu au fond d'un puits, ménagé au centre du parapet protecteur en béton qui l'entoure, et protégé sur ses bords par une avant-cuirasse. La tourelle, qui d'ailleurs peut tourner autour d'un axe vertical, repose sur une presse hydraulique de soulèvement au moyen de laquelle on la fait émerger du puits au moment du tir; le coup part automatiquement par l'électricité; puis la tourelle s'éclipse de nouveau.

Le principe de la tourelle à éclipse n'avait été réalisé auparavant, notamment par Schumann, que pour les petits calibres, les canons-revolvers ou à tir rapide destinés à battre les abords immédiats ou les intervalles de la fortification; mais ces engins, dont le ciel seulement était à l'épreuve,

(1) Cette question étudiée dès 1871 par cet officier supérieur avait fait l'objet de plusieurs mémoires successifs dont on trouve l'analyse dans le Mémorial du Génie [tomes n°s 23 et 26].

étaient relativement légers.

**Description de ses organes essentiels.**[1]
    La tourelle du Colonel Bussière est la première application de l'idée de l'éclipse aux lourds cuirassements ; nous allons en faire connaître les organes essentiels.

**Cuirassement mobile.**
    La tourelle devant être animée d'un mouvement vertical alternatif, son cuirassement mobile affecte la forme cylindrique et se compose d'une muraille cylindrique verticale recouverte d'une toiture plate. La muraille verticale en métal mixte de 45 cm d'épaisseur et de 1 m 20 de hauteur est constituée par 3 secteurs cylindriques, assemblés à rainure et languette suivant des génératrices verticales ; dans l'un d'eux sont percées les deux embrasures à canons. La toiture en fer laminé de 24 cm d'épaisseur se compose d'un disque formé de deux pièces, qui reposent dans un encastrement sur le pourtour du cuirassement vertical, et y sont assujetties par de fortes vis disposées obliquement, de manière à ne pas affaiblir la branche supérieure de la muraille cylindrique. Le diamètre extérieur du cuirassement mobile est d'environ 5 m 50.

**Caisson porte-cuirasse.**
    Le cuirassement mobile repose sur une couronne annulaire formant la table supérieure d'un caisson cylindrique en forte tôle, renforcé par des montants verticaux qui le relient à une charpente métallique horizontale, reportant ainsi tout le poids de la cuirasse sur la partie supérieure d'un tube-support central en tôlerie, prolongé par la presse hydraulique de soulèvement.

**Guidage vertical du système.** — Le guidage vertical du système est obtenu au moyen de deux

---

[1] Cette description est extraite en majeure partie du Génie Civil, de la Nature et de la Science Illustrée.

couronnes de centrage. Le caisson porte-cuirasse se meut dans la couronne de centrage supérieure, scellée dans les maçonneries immédiatement en dessous de l'avant-cuirasse, et munie de galets directeurs à axes verticaux et à centrage réglable, permettant d'assurer rigoureusement la position de l'axe de la tourelle. La partie inférieure du tube-support glisse à frottement doux dans une lunette de centrage, munie d'une garniture intérieure en bronze et portée par le plancher métallique de l'étage intermédiaire, encastré dans la maçonnerie du puits.

**Couvre-joint.** — Une collerette en acier, à gorge, dont la position est réglable, est placée au-dessus de la couronne de centrage supérieure, ne laissant libre qu'un espace de $1^{mm}$ autour de la face extérieure du caisson porte-cuirasse. Elle a pour but de constituer un joint suffisamment étanche contre l'introduction des gaz extérieurs.

**Presse hydraulique de soulèvement.** — Le mouvement d'ascension ou d'éclipse est produit par une presse hydraulique renversée, c'est-à-dire dans laquelle le corps de pompe, solidaire de la partie inférieure du tube-support, est mobile dans le sens vertical. Le piston au contraire est fixe, et repose lui-même par l'intermédiaire d'une béquille verticale à rotules sphériques sur le centre d'une plaque de fondation.[1]

Le piston est une tige d'acier d'environ $45^{cm}$ de diamètre et de $1^m50$ de longueur, percée suivant son axe d'un canal, par lequel on peut faire arriver dans le corps de pompe de la

---

[1] Cette disposition a pour but d'assurer l'indépendance relative de la direction de l'axe du corps de la presse de soulèvement et de celle des axes des guidages de la tourelle.

glycérine à deux pressions différentes, suivant qu'il s'agit de produire l'ascension ou l'éclipse, et dont la plus forte atteint 115 atmosphères. Les efforts correspondant à ces deux pressions sur le piston de la presse de soulèvement sont respectivement de 160 et 213 tonnes entre lesquels est compris le poids de 180 tonnes de la tourelle. On conçoit donc qu'en produisant dans le corps de pompe alternativement l'une ou l'autre de ces deux pressions, on détermine l'ascension ou la descente de la tourelle.

Contrepoids accumulateur. — Ce double jeu de pressions est obtenu au moyen d'un contrepoids accumulateur à piston différentiel, actionné par une pompe foulante mue par une machine à vapeur. Cet accumulateur n'est autre chose qu'une machine hydraulique verticale, comportant un cylindre mobile, chargé de rondelles de fonte qui constituent le contrepoids, et reposant sur un piston différentiel permettant d'exercer à volonté avec la charge constante du cylindre deux pressions différentes sur le liquide que contient l'appareil; ces pressions sont transmises à la presse de soulèvement de la tourelle à l'aide d'une tuyauterie convenablement disposée.

Si la tourelle est en batterie, en exerçant l'effort de 160 tonnes, son poids l'emporte et elle s'éclipse. Si la tourelle est éclipsée, elle monte en batterie sous l'action prépondérante de la pression de 213 tonnes. Dans les deux cas, l'accumulateur permet d'équilibrer en majeure partie le poids de la tourelle, en sorte que le travail moteur à développer au moment des manœuvres de mise en batterie et d'éclipse est

---

(1) On retrouve l'emploi du piston différentiel dans un certain nombre de presses hydrauliques.

relativement faible.[1]



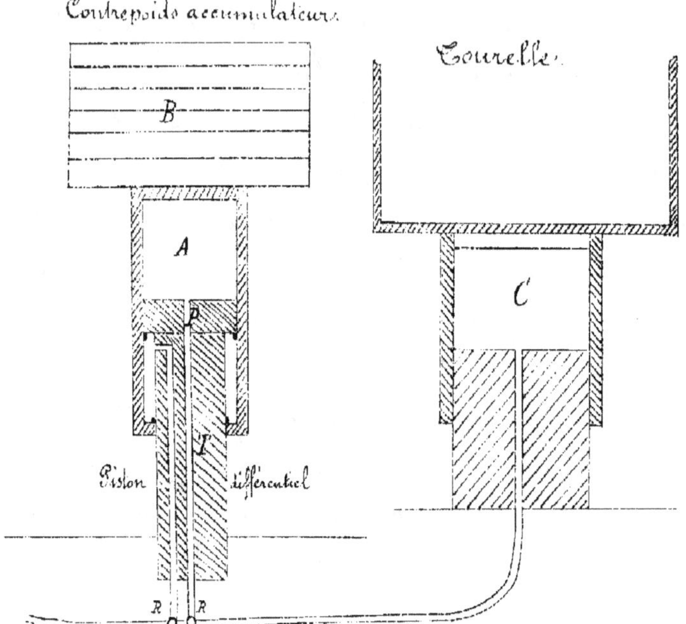

*Organisation et fonctionnement de l'accumulateur.*

[1] Voici comment est organisé et fonctionne cet accumulateur (Voir la figure schématique ci-contre).

Cet appareil se compose d'un cylindre vertical mobile A de 30 $^{c/m}$ de diamètre intérieur, lesté par des rondelles de fonte B pour constituer une charge accumulatrice de 70 tonnes environ et reposant sur un piston différentiel P de même diamètre, dont la tige T est réduite à 26 $^{c/m}$ de diamètre. La partie inférieure de celle-ci est encastrée dans un socle fixé à la maçonnerie et l'ensemble de l'appareil est logé dans une chambre souterraine voisine du puits de la tourelle.

*Piston différentiel.* La tige du piston de l'accumulateur, évidée suivant son axe, met en communication l'intérieur du cylindre avec celui de la presse C de soulèvement de la tourelle. Un deuxième conduit, parallèle à l'axe, également compris dans la tige de ce piston est relié avec un appareil de manœuvre à soupapes (ou à robinets) qui permet d'établir à volonté la communication entre ce conduit et le

**Calage de la tourelle dans les deux positions d'éclipse et de tir.**   Des dispositions sont prises pour caler la tourelle dans les deux positions d'éclipse et de tir. Dans la position d'éclipse, le fond de la presse repose entièrement sur le sommet du piston plongeur et toute la charge porte en ce point ; dans la position de tir, qui ne dure en général que quelques secondes, la pression du liquide suffit pour maintenir la tourelle dans une position invariable en hauteur, qui est déterminée par la butée d'un rebord du piston sur un talon ménagé à cet effet dans le pot de presse.

Toutefois, on a prévu le cas où il serait nécessaire de maintenir un certain temps la tourelle à sa position de tir par l'adjonction d'un dispositif spécial qui peut servir aussi comme calage de sûreté, si par exemple, un tube de la tuyauterie venait à crever, la tourelle étant en l'air. Ce calage est réalisé au moyen de valets mobiles à glissières, habituellement écartés du centre, et que l'on en rapproche à l'aide de petites pompes hydrauliques quand la tourelle est en haut de sa course, et sur lesquels

---

premier ou de le mettre à l'évacuation. Il suit de là que le poids de la partie mobile de l'accumulateur est réparti : tantôt sur toute la surface du piston de 30 c/m de diamètre, tantôt sur la surface réduite de la tige de 26 c/m. La pression du liquide qui s'y trouve contenu varie aussi de 96 à 128 kilogs par centimètre carré. Les efforts correspondants exercés sur le piston de la presse de soulèvement de la tourelle sont respectivement de 160 ou 213 tonnes à l'état statique.

Dans le premier cas, si la tourelle qui pèse 180 tonnes est en batterie, elle s'éclipse, et dans le deuxième cas, la tourelle éclipsée monte en batterie. La commande de ces manœuvres se fait d'un poste situé au niveau du plancher de l'étage intermédiaire ; et ce, au moyen de volants à manettes.

on fait reposer la partie inférieure du tube-support.

**Circulaire addition-<br>nelle du roulement.** Pour permettre alors la rotation du tube-support, et par suite celle de la tourelle dans cette position, l'ensemble repose sur une couronne de boulets en acier, interposée entre le tube-support et les valets et comprise entre deux rails annulaires creux constituant une circulaire additionnelle de roulement ; l'un, le rail supérieur, fait corps avec le tube-support et l'autre est rattaché à la base du pot de presse et entraîné avec lui, de même que le tube-support, dans ses mouvements d'ascension et de descente.

**Rotation de la<br>tourelle.** Le mouvement de rotation est transmis au tube-support de la tourelle au moyen d'une roue dentée horizontale embrassant la base de ce support et reliée par une chaîne de Galle à deux treuils mus à bras ou par une manœuvre hydraulique.

Cette roue est établie au-dessous du plancher de guidage inférieur, où des galets la maintiennent invariablement à cette hauteur. Pour entraîner la tourelle dans sa rotation, même pendant qu'elle monte et quelle que soit sa position en hauteur, cette couronne dentée porte deux clavettes qui glissent dans des rainures verticales pratiquées dans l'épaisseur du tube-support suivant deux génératrices diamétralement opposées [1].

La circulaire de roulement à boulets facilite particulièrement le mouvement de rotation. Mais comme le pointage en direction de la tourelle s'exécute généralement dans la position d'éclipse, il n'y a pas habituellement intérêt à produire ce mouvement avec rapidité, c'est-à-dire

---

[1] On a renoncé depuis à ce dispositif un peu compliqué, et l'on produit simplement la rotation à l'aide d'un long pignon monté à l'extrémité d'un arbre vertical mû à bras d'hommes, qui engrène constamment (dans toutes les positions de la tourelle) avec une couronne dentée horizontale fixée sur le pourtour du caisson porte-cuirasse.

autrement qu'à bras-d'hommes.

**Avant-cuirasse.** Le mur du puits de la tourelle est surmonté d'une margelle ou avant-cuirasse métallique, en fonte dure ou en acier coulé, noyée dans la collerette en béton qui enveloppe tout le dispositif. Cette avant-cuirasse est supportée par une couronne d'appui, destinée à s'opposer à la chute des morceaux divisés par le tir d'attaque. L'avant-cuirasse qui descend déjà à 1 mètre en dessous du sommet de la collerette en béton est prolongée en contrebas par un jupon en plaques de blindage cintrées destiné à protéger sur une plus grande profondeur les substructions de la tourelle.

Ce dernier dispositif a été reconnu superflu à la suite des expériences de tir sur les parapets en béton.[1]

Entre l'avant-cuirasse et le caisson porte-cuirasse est ménagé un corridor annulaire formant chenal que l'on peut visiter au moyen d'un trou d'homme habituellement fermé par une plaque hermétique.

**Armement.** L'armement se compose de 2 canons longs de 155 m/m dont la volée ne dépasse presque pas la surface générale du cuirassement, de façon que l'éclipse puisse se faire à tout moment, sans que l'on soit forcé de rentrer les pièces pour cette manœuvre.[2]

**Principe de l'affût.** Dans le dispositif employé, l'affût est complètement indépendant du cuirassement. Le canon recule suivant son axe et le système affût-canon se meut exactement autour d'un point de cet axe situé dans l'embrasure; d'où résulte la réalisation rigoureuse de l'embrasure minima.

---

[1] Voir 2e Partie du Cours, 2e Section.

[2] On verra plus loin que la suppression de toute saillie des pièces est désormais indispensable.

Ce centre de rotation, qui est virtuel, est obtenu par le jeu très-simple d'un parallélogramme articulé dont un des côtés prolongé tourne autour de la cheville-ouvrière A, tandis que l'un des 2 sommets D ou E fixés au système affût-canon, est assujetti à se mouvoir le long d'une glissière circulaire ayant pour centre ce point fictif O.

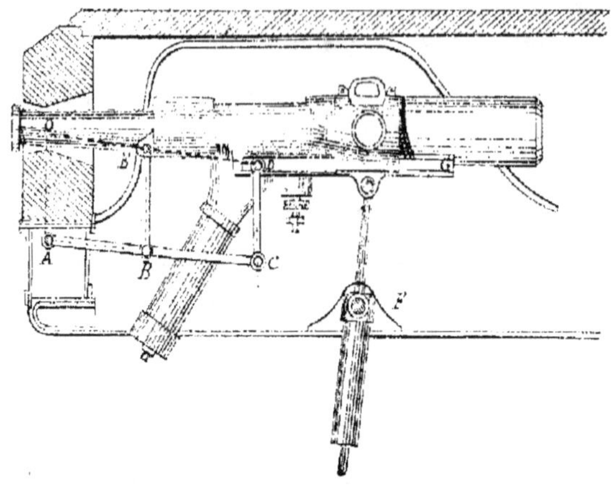

Dans ces conditions, le système affût-canon pivote en définitive autour de ce point O dans les diverses opérations du pointage.

Freins hydrauliques. — Le recul est limité à environ 0<sup>m</sup>30 par l'emploi de deux freins hydrauliques placés symétriquement à droite et à gauche du canon, dont les axes, ainsi que celui du canon sont situés dans un même plan.[1] Les tiges des deux cylindres des freins sont reliées aux tourillons de la bouche à feu et entraînées avec eux pendant le recul. Ces tourillons sont portés par des coussinets qui se meuvent dans

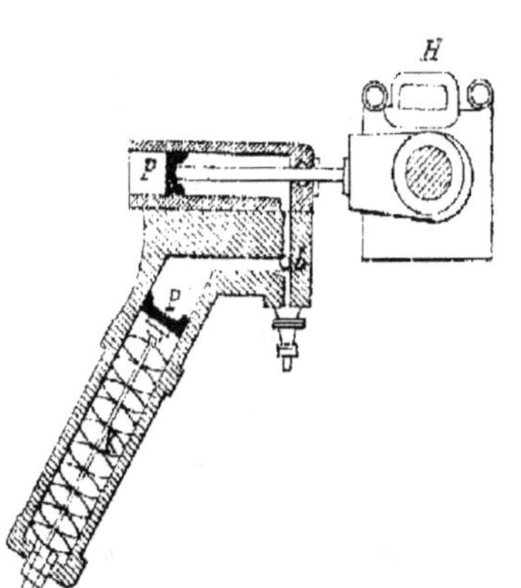

[1] Cette disposition a l'avantage que les réactions développées entre le canon et ses freins se traduisent toutes par des efforts de traction directs et ne donnent lieu à aucune composante tendant à former un couple, ainsi qu'on l'a parfois reproché au frein de St Chamond.

des glissières parallèles à l'axe de la pièce et faisant corps avec le châssis mobile de l'affût. Lors du recul, le liquide refoulé par le déplacement des pistons des freins se rend par des canaux d'évacuation munis de soupapes réglables à volonté dans un troisième cylindre, incliné, placé sous la bouche à feu, et qui sert d'accumulateur, où il comprime une pile de ressorts, dont la détente ramène ensuite le canon en batterie.

Le retour en batterie se fait automatiquement et si vite qu'on s'en aperçoit à peine.[1]

**Pointage en hauteur.** — Le pointage en hauteur est obtenu à l'aide d'une petite presse hydraulique de pointage supportant la pièce et la partie mobile de l'affût et oscillant autour d'un point fixe du bâti. On lit l'angle sur un limbe gradué fixé à l'un des flasques de l'affût, sur lequel se meut un index rattaché au système affût-canon.

**Pointage en direction.** — Le pointage en direction se donne à l'aide d'une circulaire graduée fixée aux parois du puits, sur laquelle se meut l'extrémité d'une tige articulée avec le tube-support et entraînée avec lui dans son mouvement de rotation.

**Mise du feu.** — Le feu est mis automatiquement aux pièces par l'électricité, au moment où les embrasures émergent au-dessus de l'avant-cuirasse : un exploseur fixé au tube-support est actionné par une tige qui vient buter contre la face inférieure de la couronne de centrage supérieure, au moment où la tourelle

---

[1] Dans le frein de St Chamond précédemment décrit, la remise en batterie exige la manœuvre à la main d'une vis-soupape. Ici le liquide expulsé des cylindres des freins y rentre de lui-même par des canaux spéciaux communiquant avec le cylindre accumulateur et de diamètre un peu plus petit que les canaux d'expulsion.

achève sa course ascendante.

**Durée du mouvement.** — Dans le type de tourelle à éclipse que nous venons de décrire, une manœuvre complète de l'engin (ascension, tir des pièces et éclipse) exigeait en moyenne 13 à 14 secondes, sur lesquelles on comptait environ 4 secondes pour le temps d'apparition des embrasures. Ce temps a paru encore trop considérable au point de vue du danger des coups d'embrasure; il peut être réduit très-sensiblement, ainsi qu'on l'indiquera plus loin.

**Substructions.** — Les substructions comprennent un sous-sol et un étage intermédiaire, surmonté de la chambre à canons; ces locaux communiquent entre eux et avec les locaux souterrains où se trouvent les magasins d'approvisionnement et la chambre de la machine motrice du système.

Les munitions sont apportées au niveau du plancher inférieur et de là élevées à hauteur de la culasse des canons à l'aide de 2 petits monte-charges mus à bras, disposés à l'intérieur du tube-support et correspondant à chacune des pièces.

**Ventilation.** — On a recours enfin à des appareils de ventilation pour expulser l'air vicié et la fumée de la chambre de tir, et, du puits de manœuvre.

## §2. — Projets de tourelles établis depuis les expériences de Châlons.

Les deux types de tourelles que nous venons de décrire ont été soumis à des expériences de tir très-importantes exécutées au Camp de Châlons du mois d'Octobre 1887 au mois de Mai 1888. Nous ne pouvons en reproduire ici le résumé, le compte-rendu officiel étant resté jusqu'à présent à l'état de document secret.[1] Mais les principaux résultats en sont connus et ont même paru dans diverses publications françaises et étrangères. Ils ont servi de point de départ à l'établissement de nouveaux projets de tourelles, dans lesquels on s'est efforcé de tenir compte des enseignements fournis par ces expériences; ces projets comportent l'application de principes divers et des dispositions de détail très-variées.

1º Tourelles simplement tournantes.

Dans ces études, se trouvent de nombreux projets de tourelles tournantes pour canons de gros calibre, parmi lesquels nous citerons ceux proposés par les usines de Montluçon, de St Chamond et du Creusot, ainsi que les projets de tourelles belges, récemment fabriquées dans ces trois établissements.

Le cadre restreint de ces leçons ne nous permet d'entreprendre ici la description d'aucun de ces types en particulier;[2] mais nous aurons occasion d'en faire connaître plus loin les particularités les plus intéressantes, en traitant dans un paragraphe spécial des conditions actuelles d'organisation des divers éléments des tourelles cuirassées.

2º Tourelles à éclipse.

En ce qui concerne les tourelles à éclipse, nous dirons d'abord que le type de tourelle expérimenté à Châlons a été considérablement perfectionné depuis (Voir les projets présentés par la Cie Fives-Lille).

En outre, des études ont été entreprises dès 1889 à la Section technique du Génie par le Capitaine Galopin dans le but de réaliser le mouvement rapide d'ascension ou d'éclipse des tourelles pour canons de gros calibre, au moyen d'une simple manœuvre à bras d'hommes. L'appareil imaginé par cet

---

[1] Le programme sommaire de ces expériences a été donné verbalement au Cours.

[2] Voir à ce sujet les divers ouvrages précités; l'un des projets les plus intéressants (et le premier en date) est celui de la tourelle de Montluçon pour canon court.

officier ne comporte que des organes absolument rustiques, sans aucun moteur à vapeur. Nous n'avons pas cru pouvoir en reproduire la description même sommaire dans ces feuilles; mais nous nous réservons d'en indiquer le principe dans les leçons orales.

Les expériences auxquelles il vient d'être soumis ont donné des résultats satisfaisants et c'est ce système qui paraît devoir être adopté pour nos grandes tourelles à éclipse.

Enfin nous signalerons parmi les projets de tourelles à éclipse présentés après les expériences de Châlons deux études très-originales dont nous donnons ci-après une description sommaire, savoir: la Tourelle hydrostatique du Colonel Souriau et la Coupole oscillante du Commandant Mougin.

Tourelle hydrostatique à éclipse du Colonel Souriau.

Le premier en date est le projet de Tourelle hydrostatique de Mr. le Colonel du Génie Souriau, fondé sur l'application du principe d'Archimède, c'est-à-dire sur l'équilibre indifférent des corps plongés dans un liquide. Dans ce projet représenté, figure 8, la tourelle est portée par un flotteur, cylindre creux en tôle de dimensions convenables, complètement immergé dans un puits empli d'eau, en sorte que le système se trouve dans un état d'équilibre indifférent. Pour élever la tourelle verticalement, il n'y a qu'à développer le travail nécessaire pour vaincre l'inertie de la masse et les frottements. Le mouvement vertical alternatif est obtenu à l'aide de l'ascension d'un écrou dans une vis, sorte de colonne-pivot filetée, établie suivant l'axe de l'engin, et reposant sur une crapaudine; on fait tourner la vis au moyen d'un pignon engrenant avec une vis sans fin actionnée par deux manivelles mues de l'intérieur de la tourelle.

La manœuvre se fait simplement à bras: 4 hommes doivent faire monter la tourelle à sa position de tir dans 15 secondes et l'éclipser dans le même temps ; un pareil mouvement serait évidemment beaucoup trop lent.

Le mouvement de rotation de la tourelle est produit à l'aide d'un pignon engrenant avec une roue dentée fixée sur le pourtour du corps cylindrique de la tourelle ; ce pignon a une longueur suffisante pour communiquer la rotation, quelle que soit la position de la tourelle dans sa course verticale.

Ce type de tourelle est resté jusqu'à présent à l'état de simple projet et n'a pas été construit ; on est loin d'être fixé sur la manière dont se comporterait pendant le déplacement vertical, la rotation de la tourelle, et surtout pendant le tir, l'eau dans laquelle est immergé le flotteur, et il y a lieu de craindre en outre que l'exactitude du tir ne soit altérée par le fait du mouvement de cette eau.

Enfin la présence de l'eau dans le puits empêche l'utilisation des substructions comme magasin aux munitions.

*Tourelle oscillante du Com.ᵗ Mougin.* *(fig. 9)*

1º Projet de 1888. — Le projet dont il s'agit est celui de la coupole oscillante du Commandant Mougin (fig. 9), projet très-original, entièrement nouveau, présenté en 1888 à la suite des expériences de Châlons[1]. Au lieu de recourir pour éclipser les embrasures à un mouvement vertical alternatif de tout le système, qui exige forcément l'emploi d'un cuirassement cylindrique moins résistant au tir en brèche que la forme à calotte sphérique, le Commandant Mougin, adoptant cette dernière forme, substitue au mouvement vertical un mouvement oscillatoire qui permet de faire passer les embrasures sous l'avant-cuirasse, et de ne les démasquer pour chaque salve que pendant les quelques secondes

---

[1] Nous renvoyons pour les détails d'organisation de cette coupole aux diverses publications précitées et en particulier à la Revue d'Artillerie, Tome 35.

Fig.ⁿ perm.ᵗᵉ. Détails des Cuirassements employés dans la ff.ⁿ    C.ᵗ⁻ᵉˡˡᵉ : 11

nécessaires pour faire feu.

A cet effet, la coupole peut osciller autour d'un axe horizontal passant par le centre de figure de la sphère dont la calotte cuirassée fait partie ; cet axe lui-même est supporté par une plateforme à galets mobile autour d'un axe vertical, analogue à une robuste plaque tournante de chemin de fer.

Les opérations de chargement et de pointage s'exécutent dans la position d'éclipse, dans laquelle les embrasures sont cachées sous l'avant-cuirasse.

Pour que le mouvement d'oscillation puisse s'effectuer sans effort trop considérable à vaincre, le poids de la tourelle est équilibré dans toutes ses positions par des ressorts à double effet, disposés à l'arrière de la partie oscillante ; ces ressorts sont à l'état de repos, quand la tourelle est dans sa position moyenne (car alors son centre de gravité se trouve sur l'axe de suspension) et travaillent soit par compression, soit par extension, suivant que celle-ci s'incline vers la position de tir ou vers la position d'éclipse.

L'amplitude angulaire du mouvement (d'environ 10° en tout) est limitée dans chaque sens par la butée et l'appui d'un tampon à ressort, soit à l'avant, soit à l'arrière, contre une platebande circulaire en fonte fixée au sol du bâti en maçonnerie.

Pour faire passer la tourelle de la position d'éclipse à la position de tir et réciproquement, il suffit de faire actionner par 4 hommes un treuil de manœuvre à manivelles et à engrenages, fixé à l'avant de la partie oscillante. Sur ce treuil s'enroulent en sens opposés deux cordages dont le bout libre vient se développer le long d'un guide concentrique à l'axe d'oscillation et boulonné sur la plateforme tournante et se fixer respectivement à l'une ou l'autre des extrémités de ce guide. En faisant tourner le treuil dans un certain sens, l'une des cordes s'enroule et se tend, et comme le guide est fixe, le treuil est obligé de se déplacer le long de ce guide : il remonte ou s'abaisse suivant le sens de la rotation, entraînant dans son mouvement la partie correspondante de la tourelle.

Le temps nécessaire pour faire passer la tourelle de la position d'éclipse à la position de tir et réciproquement est d'environ 10 secondes. Dès que les deux embrasures sont démasquées, il n'y a plus qu'à presser un bouton électrique pour faire feu à la fois des deux canons.

Nous ajouterons que dans le projet présenté, les canons sont sans recul, font corps avec le cuirassement, ce qui permet de supprimer les affûts et d'accroître d'autant l'espace disponible à l'intérieur ; mais il est clair que le même type oscillant pourrait s'adapter également au cas de l'emploi bien préférable de canons à recul limité par des freins hydrauliques.

Ce type de coupole présente certains avantages incontestables :

1°. Son cuirassement affecté la forme de calotte sphérique dont la supériorité a été reconnue au point de vue de la résistance ;

2°. Si l'éclipse totale du cuirassement n'est pas obtenue, la partie qui fait saillie au-dessus de la plongée offre en permanence le même contour apparent aux vues de l'ennemi, en sorte que celui-ci ne peut être averti par aucun changement dans son aspect, du moment où elle passe de sa position d'éclipse à sa position de tir et réciproquement ;

3°. La manœuvre n'exige l'emploi d'aucun appareil hydraulique, ou à vapeur, peut se faire avec un personnel très-réduit et au moyen d'organes d'une grande simplicité ;

4°. Le prix de revient de la coupole oscillante est sensiblement moins

élevé que celui d'une tourelle à éclipse verticale avec moteur et accumulateur.

À côté de ces avantages, nous signalerons notamment les inconvénients suivants :

1° La vitesse d'oscillation obtenue simplement à bras d'hommes est
insuffisante et peut donner le temps à l'ennemi de réaliser des coups
d'embrasure. Il ne paraît guère possible d'accroître sensiblement
cette vitesse sans moteur spécial, tant qu'il y aura à vaincre à chaque oscillation l'inertie énorme de la masse à mouvoir.

2° Il y a lieu de craindre que le pointage en hauteur ne soit
dérangé au moment où la tourelle arrive à sa position de tir, par
suite de l'arrêt brusque de l'oscillation et des trépidations plus ou moins
prolongées du système, qui en seront la conséquence. S'il en est ainsi, il faudra
rectifier le pointage au moment même où les embrasures seront démasquées et cet arrêt forcé augmentera d'autant la période dangereuse
pendant laquelle les embrasures seront exposées aux coups directs.

2° Projet nouveau. — Depuis l'époque de l'apparition de ce projet de
tourelle (1888), le Commandant Mougin s'est préoccupé de remédier aux
défectuosités signalées. Tandis que les études spéciales étaient entreprises à la
section technique du Génie en vue de perfectionner la tourelle à éclipse du Colonel
Bussière et en particulier de la rendre manœuvrable simplement à bras
d'hommes en quelques secondes, le Commandant Mougin recherchait le
moyen d'obtenir un résultat analogue pour sa tourelle oscillante. La question
paraît théoriquement résolue dans le nouveau projet de tourelles abstraction faite du moins
des trépidations ; aussi ne pourra-t-on se prononcer sur la valeur pratique de cet engin
et en particulier sur le degré de fixité du pointage que quand il aura été
soumis à la sanction de l'expérience. Dans ce nouveau type, la durée d'appa-

rition des embrasures à chaque salve serait réduite à deux secondes environ.[1]

Nous terminerons ce paragraphe en signalant surtout pour son originalité et sans en discuter la valeur, un type spécial de cuirassement pour mortier de gros calibre proposé par le Major Schumann dès 1885, construit par l'usine Grüson et soumis par elle à des expériences récentes.[2] En voici la description sommaire :

L'affût cuirassé pour mortier de 21ᶜᵐ représenté figure 10, se compose d'un cuirassement fixe, formé d'une voûte en fonte dure A qui s'appuie directement sur la cuve en maçonnerie, et est entourée d'un massif protecteur en béton. Au sommet de cette voûte est pratiquée une large ouverture circulaire prolongée par un entonnoir tronconique à travers le béton ; cette ouverture constituant l'embrasure est complètement obturée par une sphère en fonte dure, dans laquelle est enchâssé le mortier qui ne fait saillie qu'à la partie postérieure correspondant à l'appareil de fermeture.

Deux guides circulaires C, fixés à la sphère, tiennent lieu de tourillons, et sont mobiles dans deux glissières, entraînant ainsi la sphère et avec elle le mortier, qui peut prendre toutes les inclinaisons entre 25° et 60°. Ces glissières font partie d'une sorte d'affût L que porte une colonne en bois F tournant sur un pivot a et permettant d'orienter la sphère et le mortier dans une direction quelconque ; on communique le mouvement de rotation à la colonne au moyen de leviers à main.

---

[1] Une tourelle oscillante de ce genre pour 2 canons de 15ᶜᵐ longs a été commandée à St. Chamond par le Gouvernement roumain (Génie Civil.)

[2] Ces expériences ont été exécutées à l'usine Grüson en Juillet et Septembre 1890 ;
(Voir Revue d'Artillerie, tome 37. Livraison de Décembre 1890).

Un petit jeu ménagé entre la sphère et le cuirassement laisse passer l'air et la lumière.[1] Une garniture élastique, (en bois paraît-il) fixée sur le pourtour de l'embrasure, atténue les chocs de la sphère au moment du tir.

Le prix total de la construction, d'après le Major Schumann, serait de 45 000 francs non compris le mortier.[2]

## §3.— Conditions d'organisation actuelle des divers éléments des Tourelles cuirassées pour canons de gros calibre. (Planche A).

### I.— Emploi de deux catégories de tourelles.

Les tourelles cuirassées sont de deux catégories :

1° Tourelles simplement tournantes.— 2° Tourelles à éclipse.[3]

Les expériences les plus récentes ont mis en évidence d'une manière formelle les redoutables effets des atteintes superposées des projectiles de rupture des diverses espèces et des obus-torpilles contre les cuirassements et tout particulièrement les effets désastreux des coups d'embrasure, du moment où l'ennemi peut voir ces cuirassements et régler son tir contre eux. On en a conclu qu'il

---

[1] Il y a lieu de craindre que par ce jeu l'action des gaz et du souffle des obus-torpilles ne se fasse sentir à l'intérieur de l'abri.

[2] Un pareil engin serait seulement exposé à l'action du tir courbe de l'artillerie.

[3] Nous laisserons de côté dans ce qui suit, la troisième variété de tourelles, les coupoles oscillantes, sur lesquelles l'expérience n'a pas encore prononcé.

est indispensable de dérober dans tous les cas l'engin aux vues de l'ennemi, pour lui garantir une résistance suffisamment prolongée.

Quand le genre de tir à exécuter n'exigera pas que la tourelle fasse saillie au-dessus du parapet qui l'entoure, on pourra employer avec avantage les tourelles dissimulées simplement tournantes, moins coûteuses que les tourelles à éclipse. On se contentera de les protéger contre le tir de l'ennemi au moyen d'un glacis ou plongée en béton à contrepente, tout en complétant leur défilement aux vues, s'il y a lieu, au moyen de plantations, d'un rideau de fumée artificielle, etc. Dans ces conditions, ces tourelles n'étant pas vues et ne pouvant être atteintes que par le tir plongeant, plus incertain que le tir de plein fouet, leur mise en brèche présentera de grandes difficultés.

Quand au contraire la nécessité de faire du tir tendu forcera de démasquer la tourelle et de la faire émerger au moment du tir au-dessus de son parapet, on sera conduit à recourir à l'emploi de tourelles à éclipse. Dans ce cas, il ne conviendra pas moins de défiler aux vues le cuirassement mobile au moyen de plantations, afin de masquer à l'ennemi l'origine du mouvement d'ascension, et de l'empêcher de faire feu dès qu'il commence à se produire, seule chance que celui-ci ait d'atteindre le cuirassement avant que la tourelle ne soit revenue à sa position d'éclipse.

Dans ces conditions, on paraît décidé à admettre en France l'emploi de deux types de tourelles pour canons de gros calibre :

1º Tourelles à éclipse pour tir de plein fouet avec canons longs.

2º Tourelles dissimulées simplement tournantes pour tir courbe avec canons courts.

Nous renvoyons à la 3ᵉ Partie du Cours pour plus amples renseignements sur le mode d'emploi des tourelles dans l'organisation des Forteresses.

## II. — Tourelles pour un ou pour deux canons.

Objections contre l'emploi de tourelles pour 2 pièces.

Parmi les objections présentées contre l'emploi de tourelles à deux canons, nous signalerons les suivantes :

1º Le cuirassement est faible aux points où se trouvent les deux embrasures et dans l'espace intermédiaire ; il y a intérêt à diminuer l'étendue de ce point faible.

2º Quand une des deux pièces est hors de service, l'autre ne peut tirer pendant l'opération du remplacement.

3º Le remplacement d'un des deux canons disposés excentriquement est plus difficile que quand il n'y en a qu'un placé dans le plan de symétrie de la tourelle.

4º Si un accident vient à immobiliser la tourelle, on a deux pièces sans emploi.

5º Dans une tourelle à deux canons, qui comporte deux fois plus de servants qu'une tourelle à un canon, on expose un personnel double au danger d'un même coup d'embrasure ; ce danger est lui-même doublé puisqu'il y a deux ouvertures au lieu d'une.

6º Dans une tourelle à deux canons, les deux pièces n'étant pas interchangeables et étant servies l'une à droite et l'autre à gauche, exigent une double instruction des servants.

7°. Il faut sensiblement le même temps et la même consommation de munitions pour réduire au silence une tourelle soit à un, soit à deux canons.

Arguments en faveur des tourelles pour 2 pièces.

1°. Le principal argument, le seul qui véritablement milite en faveur des tourelles à deux canons, est d'ordre financier : une coupole à deux canons coûte moins cher (40 % de moins, affirme le Général Brialmont) que deux coupoles à un canon, en tenant compte des substructions (escaliers, magasins aux munitions, locaux de manœuvre, etc....)[1]

2°. On a dit également que la possibilité de tirer deux coups simultanément sur un même but pourrait avoir certains avantages, notamment au point de vue de la rapidité du réglage du tir.

3°. Dans un cuirassement pour deux canons, on peut donner à la calotte un plus grand rayon de courbure par suite de l'accroissement du diamètre. Par contre, le but exposé au tir de l'ennemi augmente d'étendue ; il y a donc compensation.

Conclusion.

Il résulte de ce qui précède, que, c'est en réalité par raison d'économie que l'on sera conduit le plus souvent à donner la préfé-

---

[1] et cela en dépit des assertions contraires du Major Schumann, dont tous les efforts ont toujours tendu depuis des années, sans y réussir toutefois complètement, à séparer les pièces sans augmenter la dépense.

Krupp a proposé une solution intermédiaire consistant à avoir une coupole contenant une pièce, 2 affûts et 2 embrasures à 120°, dont l'une est fermée par un tampon en acier, et débouchée quand il y a lieu d'armer le 2e affût et de remplacer la 1re pièce. Dans ce système qui n'a pas été expérimenté, les pièces sont sans recul et chaque affût ne dépasse pas l'axe de la coupole, pour ne pas se gêner mutuellement.

rence aux tourelles pour deux canons, tandis qu'au point de
vue militaire seul, il pourrait en être autrement, la séparation
des pièces étant incontestablement meilleure que leur accumulation.

## III.– Choix du métal du cuirassement mobile et de l'avant-cuirasse.

**Choix du métal du cuirassement mobile.** — On a conclu des expériences récentes au rejet de la fonte dure et même des aciers les meilleurs obtenus jusqu'ici (acier coulé, ou forgé, ou trempé au plomb) qui se fendent trop facilement sous le choc des projectiles actuels, et à l'adoption du fer laminé. Avec de nouveaux progrès dans la fabrication des aciers peut-être arrivera-t-il un moment où le fer laminé sera remplacé par un métal coulé, ce qui permettra de donner en chaque point des formes et des dimensions déterminées d'après le degré de résistance à obtenir.

**Choix du métal de l'avant-cuirasse.** — La fonte dure semble encore admissible pour les avant-cuirasses des coupoles qui n'auraient à craindre que le tir vertical. (Ex : Coupoles pour mortiers, ou canons courts).

Quant aux tourelles ordinaires, on tend à admettre que leurs avant-cuirasses seront en fer laminé, sinon en acier coulé et seulement pour les secteurs placés du côté opposé aux coups dangereux.

## IV.– Forme et dimensions du cuirassement mobile.

**Cas d'une tourelle simplement tournante.** — Dans le cas d'une tourelle simplement tournante, le cuirassement mobile a la forme d'une calotte sphérique à grand rayon, composée de 2 ou 3 pièces au plus, pouvant reposer soit sur une couronne annulaire en acier (fig. a), soit sur une cornière à talon (fig. b), soit enfin sur une sablière en acier coulé (fig. c), servant à consolider les diverses parties de la calotte, à les empêcher de se disjoindre et à résister aux déformations ; l'emploi de cette sablière permet en outre d'éloigner le pied de la calotte du bord du fossé de l'avant-cuirasse et d'écarter de ce fossé une grande partie des éclats des obus torpilles faisant explosion au contact de la tourelle.

Dans le cas d'une tourelle à éclipse, la toiture a avantageusement la forme d'une calotte sphérique faite en 2 ou 3 parties, recouvrant la muraille cylindrique qu'elle protège contre les coups de bord. (fig. d et d').

Le cuirassement mobile comporte un doublage intérieur en tôle d'acier, formé de deux épaisseurs de plaques de 0,02 ; ce doublage, formé de plaques rivées l'une à l'autre, peut être, soit fixé au cuirassement par des vis borgnes ou vis noyées (diamètre 0,05 ; longueur noyées 0$^{m}$05) [1], soit simplement disposé parallèlement au cuirassement et sans contact immédiat avec lui.

Le but de ce doublage est de prévenir toute chute de métal à l'intérieur (ménisques détachés sous le choc ou l'explosion des projectiles).

Il convient en outre, quand cela est possible, de supporter les joints de la toiture par des fers à I formant cintre (fig. c).

On donne à la calotte sphérique en fer laminé de 0$^{m}$25 à 0$^{m}$30 d'épaisseur pour toute tourelle destinée à résister à un tir prolongé

___

[1] Le Général Brialmont affirme qu'avec ce mode d'attache, on n'a à craindre aucune projection de vis ou de rivets à l'intérieur.

des nouveaux projectiles [1].

**Épaisseur de la muraille cylindrique.** L'épaisseur habituellement admise pour la muraille cylindrique d'une tourelle à éclipse est de 0$^m$45; peut-être pourrait-on la réduire, les coups superposés paraissant bien peu à craindre sur cette muraille qui n'émerge à chaque fois que pendant quelques secondes [2].

# V. — Forme de l'avant-cuirasse.

**Avant-cuirasse.** L'avant-cuirasse dont l'épaisseur est d'environ 0$^m$40 à la partie supérieure affecte une forme fuyante. Il suffit de la descendre seulement à 1$^m$20 verticalement — et par suite, tout jupon peut être supprimé; dans ces conditions, les œuvres vives de la tourelle sont parfaitement protégées par le massif annulaire en béton qui précède l'avant-cuirasse dont l'affouillement en dessous de celle-ci n'est pas à craindre, si le béton est de première qualité.

On peut renforcer avantageusement les joints de l'avant-cuirasse par des consoles en tôlerie ou mieux par une couronne d'appui continue en fonte pour s'opposer à tout déplacement des voussoirs sous le tir (fig. c et d).

**Massif annulaire en béton.** Ce massif annulaire en béton reçoit une largeur horizontale variant de 5 à 10 mètres suivant les cas, et une épaisseur d'environ 3$^m$ à 3$^m$50. Si la tourelle est isolée, il convient de l'enraciner de 2$^m$50 à 3$^m$ au-dessous du sol naturel avec un parement extérieur incliné.

---

[1] Les Belges se contentent de 0$^m$20 pour les tourelles destinées aux forts de Liège et de Namur.

[2] On allégerait très-notablement la tourelle si l'on pouvait en réduire l'épaisseur de la muraille à 0$^m$30 au lieu de 0$^m$45, ce qui réaliserait en outre une large économie. — A notre avis, cette solution serait admissible, puisque la rapidité de l'éclipse assure à la muraille verticale une protection en quelque sorte absolue contre les atteintes superposées, et qu'il suffit dès lors qu'elle ait l'épaisseur suffisante pour ne pas être transpercée par un coup isolé.

Jeu ou fossé.

Le jeu ou fossé ménagé entre le cuirassement mobile et l'avant cuirasse, tout en étant assez réduit, ne doit pas être par trop rétréci, de peur de coincements que pourraient occasionner les bavures parfois importantes qui se produisent avec l'emploi du fer laminé.[1]

Chenal ou corridor de visite. (Figure C).

Sous l'avant-cuirasse est ménagé un chenal ou corridor de visite, large, d'accès facile, muni d'un trou d'homme fermé par un clapet et permettant les opérations diverses de nettoyage, l'enlèvement des débris coincés dans le joint ou jeu supérieur, et au besoin le levage de la tourelle. (Emploi éventuel de vérins de levage prenant appui contre des oreilles en saillie sur le pourtour extérieur du caisson cylindrique isolant; dans le cas où la tourelle ne comporte pas de pivot hydraulique.)

## VI. — Caisson isolant enveloppant hermétiquement la chambre à canons.

Caisson porte-cuirasse isolant.

Le corps de la tourelle qui supporte le cuirassement mobile est formé d'un caisson cylindrique en forte tôle d'acier de 0,02 consolidé par des nervures ou des montants verticaux enveloppant complètement la chambre à canons, de façon à la fermer hermétiquement et à la mettre à l'abri des effets destructeurs du souffle et de l'action délétère des gaz provenant de l'explosion des obus-torpilles éclatant dans le voisinage du jeu ou fossé. Cette obturation peut être complétée par un couvre-joint libre en chanvre (fig. c) ou

Couvre-joint

en caoutchouc (fig. e) entourant s'il y a lieu, le joint extérieur existant au pied du caisson, ou encore par une plaque de tôle disposée

---

[1] D'après le Gᵃˡ Brialmont, la largeur de ce vide annulaire devrait être de 0ᵐ 08 à 0ᵐ 10.

tout autour de ce joint, contre lequel elle vient s'appliquer sous la pression des gaz (fig. f).

Clapets d'évacuation d'air vicié.

Parfois le caisson cylindrique est muni de clapets (8 à 10 par exemple) pour servir à l'évacuation, à l'aide d'un ventilateur soufflant, de l'air vicié de la chambre à canons dans l'espace annulaire extérieur; ces clapets, habituellement ouverts, se fermeront d'eux-mêmes sous l'action du souffle des obus venant à éclater dans le voisinage du jeu. Mais souvent, on trouvera préférable d'extraire directement l'air vicié par aspiration et non plus par refoulement.

## VII. — Mode de rotation d'une tourelle.

1.° Cas d'une tourelle simplement tournante.

La rotation d'une tourelle tournante se fait soit sur pivot, soit sur couronne de galets coniques indépendants, ou de boulets sphériques au contact placés dans une circulaire de roulement.

Pivot non hydraulique.

L'emploi d'un pivot non hydraulique supportant le poids total de la tourelle donne lieu à des grippements et à des oscillations de l'axe de rotation qui en compromettent le bon fonctionnement et sont de nature à en faire rejeter l'emploi.

Pivot hydraulique.

L'emploi d'un pivot hydraulique présente les avantages et inconvénients suivants:

Ses avantages.

1.° Il facilite la rotation que l'on peut effectuer à l'aide d'un petit nombre d'hommes, et permet d'en accroître la vitesse; mais ce dernier point n'est plus bien important : d'une part, les opérations du chargement et du pointage demandent toujours un certain temps; or, on peut facilement, sans pivot hydraulique, faire effectuer à la tourelle un tour complet en moins de 2 minutes, ce qui paraît suffisant ; d'autre part, s'il y avait autrefois un réel intérêt à pouvoir animer la tourelle d'un mouvement de rotation rapide au moment du tir (parce que celle-ci étant constamment vue de l'ennemi, cette rotation même était nécessaire pour lui dérober les embrasures le plus tôt possible après chaque salve), la même raison n'existe plus aujourd'hui. On peut donc dire que, cette question de la rotation rapide ou lente n'a plus qu'une importance bien faible avec les tourelles hors de vue, et pour ainsi dire nulle avec les tourelles à éclipse.

2° Il permet aisément de soulever à l'aide d'un seul homme toute la tourelle de 0$^m$40 à 0$^m$50 et par suite d'enlever les débris accumulés dans le chenal ou dans le jeu.

Les inconvénients du pivot hydraulique existent surtout dans le cas des tourelles pour deux canons :

1° Quand le départ des deux coups n'est pas absolument simultané,[1] le recul du premier produit un mouvement de rotation de la coupole et par suite un déplacement angulaire de l'autre pièce (écart latéral de 4 mètres à 2500 mètres pour une déviation périphérique de 5$^{m/m}$).[2]

Si au lieu d'un pivot porteur, on a une couronne de galets ou de boulets porteurs, quoique la composante tangentielle soit la même, elle a à vaincre une plus grande résistance, car le frottement des galets sur la circulaire du roulement est plus

---

[1] Ce fait se produit fréquemment, les conditions matérielles du tir des 2 pièces n'étant pas toujours identiques (état de la poudre, du projectile, de l'étoupille ou de la communication électrique).

[2] Le recul causé par le premier coup tend en outre à relever la partie antérieure de la tourelle ; ce fait se manifeste surtout avec les canons sans recul.

considérable que celui du pivot sur la crapaudine avec interposition de glycérine.

2° Le pivot hydraulique est un appareil compliqué qui exige des soins et un entretien continuels.[1] En cas de repos et hors pression, les divers cuirs emboutis, etc., se durcissent, se déforment et occasionnent des fuites ; leur remplacement exige une longue suspension du feu. Enfin un accident plus grave peut survenir : des fuites accidentelles peuvent se produire, donner lieu à un grippement du pivot sur sa crapaudine et rendre la rotation à bras fort difficile, voire même impossible pour les tourelles d'un poids considérable, comme celles pour 2 canons de 155 m/m dont le poids atteint environ 150 tonnes.

Couronne de galets coniques indépendants. (fig. d).

La rotation sur couronne de galets indépendants permet la suppression de tout pivot.

Dans ce système, la tourelle prend appui sur un certain nombre de galets coniques indépendants (20 à 40 par exemple) par l'intermédiaire d'une circulaire mobile de roulement en fonte, boulonnée sous la plateforme à la partie inférieure de la charpente en tôlerie ; ces galets reposent sur une circulaire fixe scellée à la maçonnerie de béton ; ils sont munis de joues latérales formant rebords qui les maintiennent à une distance constante de l'axe de rotation, leur interdisent ainsi tout glissement hors de cette circulaire, tandis que deux couronnes cylindriques en fonte réunissent leurs axes et maintiennent entre eux un même écartement.

Ce dispositif donne aux tourelles une grande stabilité et fonctionne bien d'une manière générale[2] ; mais il est assez délicat à régler ;

----

[1] Les galets directeurs qui complètent le dispositif demandent un réglage très-soigné.
[2] C'est ce système qui a été adopté dans les tourelles belges des forts de Liège et de Namur.

ces axes multipliés causent parfois des difficultés, donnent lieu à des frottements qui exigent un état d'entretien parfait, pour éviter d'avoir à développer des efforts considérables lorsqu'on veut produire la rotation.[1]

On trouve de nombreux exemples de l'emploi de ce système dans les derniers projets de tourelles, notamment dans les tourelles belges de $S^t$ Chamond et du Creusot.

*Couronne de boulets au contact.*
*( fig.c )*

Un autre dispositif qui paraît très-avantageux par sa simplicité même, consiste en l'emploi d'une couronne de boulets sphériques métalliques au contact les uns des autres,[2] cette disposition qui a d'ailleurs reçu la sanction de l'expérience rend le mouvement de rotation particulièrement facile, tout en présentant une garantie complète contre les accidents et les avaries.

Les boulets de roulement sont logés dans deux gorges circulaires, l'une supérieure mobile avec le corps cylindrique, auquel elle est rattachée, et l'autre inférieure fixe formant corniche sur la cuve en maçonnerie. Cette couronne supérieure est à 2 mètres en dessous du fossé de l'avant-cuirasse: l'obturation entre le corridor-enveloppe et l'intérieur est assurée par l'enchevêtrement des rebords des deux gorges à boulets formant deux joints successifs rapprochés avec 2 ou $3^{mm}$ seulement de jeu. Le joint peut d'ailleurs être obturé par un couvre-joint (câble

---

[1] Des dispositions particulières sont prises en vue de permettre, quand il y a lieu, le remplacement individuel des galets.

[2] Les boulets, pour produire la rotation, sont nécessairement de deux grosseurs, (alternativement de $0^m15$ et de $0^m12$ de diamètre, par exemple). Les plus gros sont porteurs et roulent dans le même sens; les autres servent simplement d'organes de transmission et roulent en sens inverse de ceux-ci.

en chanvre ou en caoutchouc)

Dans le cas d'une tourelle à éclipse, la rotation se fait entre les couronnes de centrage, la tourelle reposant sur sa presse de soulèvement dans une position quelconque.

Il est avantageux, surtout dans le cas de l'emploi de tourelles à pointage direct, de disposer de deux mécanismes distincts pour le pointage en direction : l'un, manœuvré depuis la chambre inférieure, servant à amener rapidement la tourelle en face du but à battre, il dégrossit le pointage ; l'autre placé dans la chambre de tir sous la main du pointeur, pour achever le pointage [1] (fig. 9).

1° Le mécanisme donnant le mouvement principal ou mouvement rapide de rotation, peut être formé soit d'un cabestan, soit d'un treuil à manivelles mû à bras, actionnant l'arbre vertical d'un pignon qui est en prise avec une couronne dentée fixée à la partie inférieure du corps cylindrique de la tourelle et tournant par conséquent avec elle.

Dans le cas d'une tourelle à éclipse, on donnera au pignon une longueur suffisante, eu égard à la course d'ascension ou d'éclipse, de manière qu'il engrène constamment avec la roue dentée dans toutes les positions de la tourelle.

---

[1] Ce double mouvement se trouve réalisé notamment dans les tourelles belges, on évite ainsi les pertes de temps et les tâtonnements inévitables avec l'emploi d'un seul mécanisme de rotation. Toutefois, ce double mouvement ne paraît pas utile dans le cas de tourelles dissimulées simplement tournantes à pointage indirect, car l'azimut exact du but à battre y est donné du premier coup par la disposition convenable de curseurs sur la circulaire de pointage.

2° Le mécanisme donnant le mouvement final ou mouvement lent de rotation, se manœuvre depuis la chambre de tir; il peut être constitué par un jeu d'engrenages actionné par un volant à main et agissant sur l'arbre vertical d'un pignon de longueur convenable qui engrène avec une couronne dentée horizontale fixée à demeure à la maçonnerie.

La figure g' représente un appareil unique de rotation commandé de l'intérieur de la tourelle au moyen d'un double harnais d'engrenages, et manœuvrable par 1 ou 2 hommes seulement; un dispositif de ce genre peut convenir dans le cas d'une tourelle de dimensions réduites (Ex: tourelle pour 1 canon court.)

**Frein de calage en azimut.**

La tourelle doit être fixée invariablement au moment du tir dans une orientation déterminée : on peut y parvenir au moyen d'un système de frein de calage, tel qu'un frein à sabot, par exemple, manœuvré de l'intérieur de la chambre de tir et constitué par un petit volant actionnant une vis qui appuie par l'intermédiaire d'un sabot sur la circulaire fixe de roulement (fig. C.), ou encore au moyen d'un frein à mâchoires, tel que celui de la figure g, dispositif emprunté aux tourelles belges du Creusot.

## VIII - Organisation de l'armement.

**Volée des pièces sans saillie.**

La volée des pièces ne doit faire aucune saillie sur le cuirassement, sinon ces pièces risquent d'être facilement brisées rien que par des obus-torpilles de canons de campagne; coups d'écharpe frappant les volées ou coups atteignant le cuirassement entre les deux embrasures.[1]

[1] Il importe de même que le cuirassement ne comporte aucun renflement extérieur.

En supprimant cette saillie, il faudra s'arranger de façon que les gaz sortant de la bouche du canon ne puissent pénétrer dans la tourelle par suite du recul de la pièce à l'intérieur. On y arrive, comme on va le voir, par l'adaptation d'un obturateur d'embrasure.

Embrasure minima à obturation complète.

En raison du danger des coups d'embrasure, l'ouverture de celle-ci doit être réduite à son minimum absolu, en égard aux limites d'inclinaison à donner à la pièce dans le pointage en hauteur. Les limites généralement admises sont : $-5°$ et $+25°$.

On réalise cette condition en faisant tourner l'ensemble du canon et de l'affût autour d'un axe horizontal situé dans l'embrasure sur l'axe même de la bouche à feu et perpendiculairement à celui-ci.

Il est en outre indispensable de supprimer tout jeu entre l'embrasure et le canon, pour s'opposer à la pénétration à l'intérieur de la chambre de tir des nombreux éclats de projectiles et aux effets si dangereux du souffle des obus-torpilles. On y parvient par l'emploi d'un obturateur d'embrasure. Cet obturateur consiste en une sphère ou portion de sphère enveloppant l'extrémité de la volée du canon et concentrique au centre de rotation de la bouche à feu. Cette rotule sphérique est logée dans une cavité de même forme ménagée dans l'embrasure, et suivant que le canon est sans recul ou avec recul, elle fait corps avec la bouche à feu ou en est indépendante. Examinons chacun de ces cas :

**1º Canon sans recul.** — Le principe des canons sans recul, préconisé surtout en Allemagne, n'est pas admis en France [1] où il n'est pas considéré jusqu'ici comme un progrès: s'il simplifie les choses, en permettant de supprimer les freins, les affûts, etc., d'augmenter l'espace disponible à l'intérieur, etc., il est à craindre que l'énorme réaction qui se produit, quand, par exemple, deux canons de 155$^{m/m}$ partent en même temps, ne soit pour la tourelle et son mécanisme une cause de prompte destruction. [2] En outre, la suppression du recul produit à chaque salve un soulèvement de la partie antérieure de la coupole sur sa couronne de galets, et nuit à la justesse du tir. Lorsque l'inflammation des 2 pièces n'est pas instantanée, la vibration due au 1er coup influence forcément le deuxième.

Quoiqu'il en soit, quand on supprime le recul du canon, l'obturateur d'embrasure est constitué par une sphère en acier ou une demi-sphère dans laquelle la bouche est engagée invariablement; cette rotule se meut à frottement doux dans la cavité correspondante de l'embrasure, où elle est maintenue par une coquille en acier coulé. Les figures h et h' représentent deux dispositions empruntées, la première à Krupp, la deuxième à St Chamond (projet de coupole oscillante de 1888). Des glissières

---

[1] du moins pour les pièces de gros calibre; il ne l'est pas davantage dans les tourelles belges commandées en France; on en trouve un exemple dans le projet de coupole oscillante de St Chamond de 1888.

[2] Dans ce système en effet, on remplace un choc adouci, en partie amené à l'aide des freins de l'affût, par un choc brusque, instantané, de plusieurs millions de kilogrammètres agissant directement sur l'ensemble du mécanisme. Avec l'affût à freins au contraire, on tempère la force brutale du canon. (Génie Civil).

et des coulisseaux concentriques à la sphère obturatrice guident l'affût et transmettent aux panneaux la totalité de l'effort du recul.[1]

2° *Canon avec recul*. — Dans le cas habituel où le recul du canon n'est pas supprimé, mais simplement limité à 20 ou 30 cm par des freins hydrauliques, la sphère ou rotule obturatrice d'embrasure constitue la tête d'un manchon cylindrique dans lequel coulisse à frottement doux la volée du canon.[2] Cet obturateur, indépendant du canon, et sans appui direct sur le cuirassement, est mobile autour d'un axe horizontal situé dans l'embrasure perpendiculairement à l'axe de la pièce et entraîne celle-ci dans sa rotation. Cet axe horizontal peut être soit réel, soit fictif; nous donnons ci-après comme exemples de ces deux dispositions les solutions proposées par les usines de St Chamond et de Montluçon.

(a) *Disposition de St Chamond (fig. K)*. La tête sphérique du manchon est munie de 2 tourillons constituant l'axe réel de rotation; ces tourillons sont soutenus dans l'intérieur de l'embrasure par un support boulonné à la couronne en tôlerie et formé d'une semelle et de deux montants. Pour assurer l'étanchéité absolue du joint, le manchon à rotule est en deux parties serrant entre elles un bourrelet élastique en cuivre rouge qui seul est en contact

---

[1] Voir : *Revue d'artillerie*, tome 35 (Description de la tourelle oscillante).

[2] Sur la volée qui est conique, est rapporté un anneau en bronze de forme extérieure cylindrique, qui glisse dans l'intérieur et au contact du manchon.

avec la paroi sphérique correspondante ménagée concentri-
quement dans l'embrasure : sous la pression des gaz extérieurs
cet anneau expansif forme joint hermétique.

(b) Disposition de Montluçon (fig. 1). Le manchon à tête sphérique dans lequel joue la volée est supporté
par deux petites bielles placées de chaque côté, reliées à l'affût
et faisant partie de parallélogrammes de convergence qui
assurent la rotation rigoureuse du système manchon-affût
autour d'un axe fictif situé dans l'embrasure, et cela sans
prendre aucun appui sur le cuirassement.[1] Le faible
jeu laissé entre l'embrasure et la rotule peut être garni
d'une bague obturatrice en cuivre rouge que l'on maintient
par un anneau de calage en acier, fixe à l'intérieur de
l'embrasure dans une gorge ménagée à cet effet.

**Conditions à remplir par les affûts.** Les affûts doivent être indépendants, isolés, sans attache
avec le cuirassement,[2] facilement démontables et remplaça-
bles, manœuvrés à la main et équilibrés par une disposition à contrepoids qui peut varier avec l'espace disponible.
(Par exemple : dispositions empruntées à divers systèmes de
ponts-levis).

L'équilibre du système affût-canon est indispensable,
vu la nécessité de revenir à chaque coup à la position
de chargement. On peut avantageusement recourir à

---

[1] Le jeu de ces parallélogrammes a déjà été indiqué dans la description de la tourelle à éclipse du Colonel Bussière à laquelle ils ont été appliqués.

[2] de façon à n'avoir ainsi rien à redouter des déformations élastiques ou per-
manentes que ce cuirassement peut subir sous le choc des projectiles.

l'emploi d'un chargeoir ou refouloir mécanique à rallonges que l'on développe à la main à l'aide d'un volant, très-commode dans cet espace restreint, équilibré, de manœuvre facile, servant à pousser le projectile à fond et à le fixer dans les rayures.

## IX. — Organisation du pointage en direction et en hauteur.

Pointage indirect et pointage direct.

Deux systèmes sont en présence : le pointage indirect et le pointage direct.

En France, on emploie exclusivement, jusqu'ici du moins, le pointage indirect dans les tourelles pour pièces de gros calibre, estimant que le temps nécessaire pour effectuer le pointage direct suffirait à l'ennemi pour atteindre la tourelle ainsi démasquée et lui permettre de faire un coup d'embrasure.

Le pointage indirect n'est pas cependant sans présenter quelques inconvénients : sans doute on peut avoir des planchettes de tir très-exactes, parce qu'on a le loisir d'y travailler en temps de paix. Mais il pourra néanmoins se produire bien des incertitudes au sujet des résultats fournis sur les points de chute par les observateurs et transmis par le téléphone ou autrement.

Les observatoires cuirassés eux-mêmes, ainsi que les transmissions par fils téléphoniques ou électriques pourront parfois ne pas fonctionner et même être détruits prématurément. Si le terrain est plat, sans repères suffisants, l'observateur aura parfois bien du mal à désigner avec certitude le carré de la planchette où se trouve le but à battre.

À l'étranger, on estime qu'il y a des cas où, même pour les pièces de gros calibre,[1] le pointeur doit pouvoir agir contre les buts mobiles à la façon du « chasseur, qui de son fusil épaulé, suit le mouvement du lièvre et fait feu au moment opportun » (Général Brialmont).

## 1° Organisation du pointage direct.

En Allemagne notamment, ainsi qu'en Belgique, on ne semble pas décidé à renoncer complètement au pointage direct. Quand on y a recours, on fait usage, soit du trou d'homme pratiqué au sommet de la calotte, soit du trou de visée, sorte de créneau étroit percé dans la calotte du côté opposé au tir.

Dans les deux cas, le pointage devra être rectifiable par le chef de tourelle qui aura sous la main un appareil de mise au point (mécanisme de mouvement final); le résultat du pointage sera donné sur la circulaire de pointage, par une aiguille fixée au cuirassement mobile.

Le trou d'homme [2] consiste en une ouverture ovale

Trou d'homme à clapet et trou de visée.

(1) Leur rôle normal n'est évidemment pas de repousser les colonnes d'attaque; mais à l'étranger, on trouve imprudent de se priver de la faculté de faire à un moment donné du pointage direct utile surtout pendant la 2e période du siège. Quand le but mobile est très éloigné, on peut admettre en effet que son déplacement angulaire étant toujours très lent, il soit possible, le tir une fois réglé sur ce point, de faire au fur et à mesure à l'aide de planchettes de tir les corrections nécessitées par ce déplacement (Commandant Corbin, Organisation des Forteresses).

(2) Avec une épaisseur supérieure à 0m 25 pour le ciel du cuirassement, il deviendrait nécessaire de ménager dans la calotte, à la partie inférieure du trou d'homme une entaille spéciale destinée à servir de logement aux épaules du pointeur et à lui permettre de faire émerger la tête à l'extérieur.

d'environ 0$^m$.30 sur 0$^m$.45, fermée par un clapet formant obturateur qu'on enlève seulement au moment du besoin ; en général il sert pour les distances éloignées, quand le pointeur n'a à craindre ni le tir de l'infanterie, ni celui des canons à tir rapide. Au lieu de ce clapet, on a disposé dans les tourelles belges du Creusot une sorte de guérite en acier, équilibrée à l'aide d'un contrepoids et pouvant se mouvoir verticalement. Au-dessous de cette guérite, se trouve une petite plateforme établie à hauteur convenable, pour que le pointeur ait l'œil en face de la ligne de mire qui passe par le guidon extérieur.

Le trou de visée muni d'une hausse et d'un guidon est utilisé dans le cas contraire, le repérage du tir une fois effectué comme direction générale.

Dans ces conditions, chaque tourelle peut fonctionner même après la destruction des postes d'observation (éventualité à craindre si ces postes sont moins fortement cuirassés que les pièces.)

2° Organisation du pointage indirect et de la mise du feu.
(a) Pointage en direction.
1° Cas d'une tourelle simplement tournante. — Le pointage indirect s'effectue à l'aide d'une circulaire de pointage munie d'un index et du procédé électrique de mise du feu par contacts et ressorts de mise du feu.

Contacts électriques.

Circulaire de pointage La circulaire de pointage est disposée dans l'étage immobile de préférence, termédiaire : il y a avantage à ce qu'elle soit mobile avec index fixe.

avec la tourelle et l'index fixe, V. fig. 9 (tourelle oscillante) pour la commodité des lectures, le pointeur place en face de l'index voyant sans bouger la graduation se dérouler devant ses yeux et pouvant ainsi arrêter la tourelle à la position précise.

2°. Cas d'une tourelle à éclipse. — Le pointage indirect en direction s'effectue pendant que la tourelle est dans la position d'éclipse. L'azimut est donné à l'aide d'une circulaire graduée et d'un index rattaché à la tourelle. La mise du feu est produite automatiquement et électriquement par la butée d'une tige reliée au tube-support contre la face inférieure de la couronne de centrage supérieure de la tourelle, tige qui fait partir l'exploseur.

(b) Pointage en hauteur.

Le pointage en hauteur s'effectue au moyen d'un mécanisme variable d'engrenages, mû par un volant à la disposition du pointeur et déterminant le déplacement angulaire de la pièce. L'angle est donné, soit à l'aide du niveau de pointage, soit par le déplacement d'un index relié à la pièce, sur un limbe gradué concentrique au centre de rotation du canon, fixé extérieurement à l'un des flasques.

## X. — Substructions en maçonnerie des tourelles: Locaux divers; service des munitions.

Etages inférieurs.

Les locaux à ménager dans les substructions d'une tourelle dépendent de son espèce et aussi de la situation qu'elle occupe, soit à l'intérieur d'un ouvrage existant, soit en dehors de toute fortification.

La tourelle comporte généralement en dessous de la chambre à canons un étage intermédiaire, d'où on accède à cette chambre par une échelle et une trappe fermée pendant le tir. C'est dans ce local qu'est placée de préférence la circulaire de pointage et le relais du monte-charge inférieur.

En dessous de l'étage intermédiaire se trouve un sous-sol où sont disposés les locaux pour les munitions et pour les divers appareils de manœuvre et tous autres besoins : treuils de manœuvre de l'appareil à rotation, ventilateurs (généralement dans une chambre spéciale), etc.

Monte-charges.   Le service des munitions est assuré au moyen de monte-charges. On peut avoir, par exemple, par pièce, un monte-charge latéral allant de l'étage intermédiaire à la chambre des canons (ces monte-charges seront équilibrés), plus un troisième monte-charge central partant du sous-sol (où il prend les munitions) et aboutissant à l'étage intermédiaire qu'il dessert. Les dispositions sont d'ailleurs très-variables.

Enfin il doit exister un trou de monte-charge spécial pour canon de rechange.

## XI.— Éclairage. Communications acoustiques et téléphoniques ; Observatoires.

L'éclairage se fera de préférence au moyen de lampes électriques, sinon au moyen de lampes ordinaires ou de bougies placées dans des lanternes à réflecteurs, capables de résister aux vibrations produites par le tir des canons.

Des tuyaux acoustiques doublés de téléphones serviront à établir la liaison de la chambre aux canons avec les observatoires et des divers étages entre eux.

## XII. — Propositions pour assurer la ventilation.

Il est nécessaire de renouveler l'air vicié et d'expulser la fumée qui se répand à chaque salve dans la chambre à canons.

La principale cause de l'enfumement dans les tourelles tient à ce que la lumière des canons n'est pas obturée. Le canal de lumière lance à chaque coup un véritable jet de flamme, de gaz et de fumée. Un moyen de remédier à ce sérieux inconvénient consisterait à adopter, comme on le fait dans la marine, des étoupilles obturatrices.

En outre, quand on ouvre la culasse immédiatement après le tir, l'âme est pleine de fumée qui peut rentrer à l'intérieur, pour peu que la pression atmosphérique extérieure soit supérieure à celle de la chambre.

Pour ces deux raisons, il est absolument indispensable de recourir à une bonne ventilation artificielle. La question est encore à l'étude et est assez délicate à résoudre : il faut d'une part évacuer l'air vicié complètement en dehors des locaux de la tourelle, et d'autre part le remplacer par de l'air pur.

L'évacuation de l'air vicié peut s'obtenir soit par refoulement, soit par aspiration.

Dans le 1er procédé, un ventilateur soufflant, placé dans

l'étage inférieur, envoie sous une certaine pression et par une tuyauterie convenable de l'air pur en abondance dans la chambre à canons, et force ainsi l'évacuation d'un volume correspondant d'air plus ou moins vicié. Au lieu de laisser cet air vicié, ainsi qu'on le fait dans les mines, se diffuser simplement dans les divers étages des substructions, pour de là se répandre dans les communications et aboutir finalement à l'extérieur, il paraît utile de lui ménager un chemin spécial de sortie, afin d'éviter l'enfumement de ces divers locaux. C'est ainsi que l'on a proposé de le faire sortir dans le chenal par un certain nombre d'ouvertures à clapets pratiquées dans la tôlerie du corps cylindrique ; de là, il s'échapperait au dehors par le jeu ou fossé de l'avant-cuirasse. C'est ce dispositif qui est adopté dans les tourelles belges du Creusot.

Dans le 2ᵉ procédé, qui paraît appelé à donner de meilleurs résultats que le précédent, l'air vicié est extrait directement de la chambre à canons à l'aide d'un ventilateur aspirant, placé à l'étage inférieur, et rejeté au dehors, tandis qu'un conduit spécial déverse l'air pur destiné à le remplacer. Quant à l'organisation de détail des gaines de ventilation, elle est essentiellement variable suivant les cas.

## XIII.—Particularités propres aux tourelles à éclipse.

Réduction de la hauteur d'éclipse

Le jeu de l'éclipse ayant pour objet d'éviter les coups directs, et surtout de diminuer les chances des coups d'embrasure,

ou du temps
d'apparition.

il y a intérêt à réduire le plus possible la hauteur d'é-
clipse et la durée de l'apparition à chaque coup ; en adoptant pour le ciel de la tourelle la forme bombée, il paraît
possible de réduire la première à environ 0ᵐ50 (au lieu de 0ᵐ80
ou 1ᵐ des premiers types), et la deuxième à environ 5 secondes[1].
Dans ces conditions, l'ennemi a bien peu de chance d'atteindre le cuirassement vertical et de faire un coup d'embrasure.

Il convient également de se prémunir contre le danger qui pourrait résulter d'une descente intempestive, dans
le cas de long feu d'un des canons, en ayant recours à des
verrous de sûreté dont le jeu automatique s'oppose dans
ce cas à l'éclipse[2] ; ils permettront en outre, le cas échéant,
de tenir la tourelle en l'air pour dégager et visiter la presse
hydraulique de soulèvement.

Si l'on maintient le système hydraulique, il convient
de ne l'employer que pour la manœuvre rapide d'ascension
ou d'éclipse ; toutes les autres manœuvres doivent pouvoir
s'effectuer à bras.

La presse hydraulique de soulèvement doit être acces-
sible et visitable. Elle doit comporter un système spécial for-

---

[1] dont deux secondes pour la montée, une seconde pour le tir, et deux secondes pour
la descente.

La forme bombée donnée au ciel, indépendamment du surcroît de résistance qu'elle
présente contre le tir vertical, a l'avantage d'augmenter l'espace disponible au-dessus
du canon ; on peut dès lors relever davantage le niveau des embrasures et par suite réduire
d'autant la hauteur totale de la muraille verticale qui émerge au moment du tir
au-dessus de la plongée.

[2] Ces verrous maintiennent la tourelle dans sa position de tir, et ne sont dégagés que par
l'effet du recul des deux canons.

mant frein, assurant l'arrêt progressif de la tourelle aux deux extrémités de sa course, de façon que celui-ci se produise sans choc malgré la grande rapidité de la manœuvre.

Enfin il est avantageux que le contrepoids accumulateur permette de tirer plusieurs salves sans avoir besoin d'être alimenté par l'intervention de la machine à vapeur.

Conclusion.

Malgré les perfectionnements apportés, la manœuvre d'une tourelle à éclipse à l'aide d'une machine à vapeur ne présente pas moins de très-sérieux inconvénients qui tiennent à la complication forcée des mécanismes d'un pareil engin comportant machine à vapeur, accumulateur et pivot hydraulique,[1] etc. En outre, son prix de revient très-élevé ne permet pas d'en faire de nombreuses applications.

Il convient, pour qu'une tourelle à éclipse soit réellement très-avantageuse, qu'elle soit absolument manœuvrable à bras d'hommes, au moyen d'un dispositif assez simple pour ne pas exiger de machine à vapeur. Schumann a présenté dans ce sens des projets pour un canon de 12 c/m, dans lesquels l'engin est équilibré par un système de balancier à contrepoids.[2]

---

[1] toute une tuyauterie qui peut crever accidentellement et compromettre le fonctionnement de la tourelle.

[2] Voir le § suivant consacré aux tourelles pour canons de petit calibre et à tir rapide.

La question est évidemment moins simple quand il s'agit de faire mouvoir rapidement un poids énorme comme celui d'une tourelle à éclipse pour deux canons longs de 155 m/m.

Néanmoins, les études et les expériences récemment entreprises dans ce sens à la Section technique du Génie ont donné des résultats satisfaisants et permettent de conclure que l'on est en possession actuellement d'un système pratique de tourelle à éclipse verticale pour canons de gros calibre entièrement manœuvrable à bras (Système du Cap.ne du Génie Galopin).

## §4.— Principes d'organisation
### d'une tourelle à éclipse
### pour Canons de petit calibre à tir rapide
### ou pour Mitrailleuses.
#### (Figure 11.)

Indépendamment des cuirassements pour canons de gros calibre, devant participer à la lutte éloignée, nous avons signalé dans la 2e Section l'emploi dans la lutte rapprochée de petites tourelles pour canons à tir rapide ou mitrailleuses, destinées soit à la défense propre des ouvrages, soit au flanquement de leurs intervalles.[1]

Ces engins, n'ayant à entrer en jeu que dans la dernière

[1] Les blindages métalliques peuvent aussi être employés pour la protection des organes de flanquement placés à la gorge des ouvrages; mais nous nous bornerons à renvoyer à la 2e Section pour leur organisation de détail.

période du siège, devront être mis complètement à l'abri des coups pendant le combat d'Artillerie proprement dit : ils seront donc à éclipse et dans la période précitée demeureront enfoncés dans leur massif protecteur en béton pour n'en émerger qu'au moment de leur emploi.

Les dispositifs proposés pour ces tourelles dans ces dernières années sont très-variables ; on en trouve de nombreux types plus ou moins satisfaisants dans les ouvrages du Major Schumann et du Général Brialmont. Nous ne donnerons ici que les principes d'organisation auxquels leurs divers éléments doivent satisfaire (voir la figure 11).

*Principe d'équilibre.* L'engin étant d'un poids relativement peu considérable, peut être équilibré dans toutes ses positions simplement à l'aide d'un contrepoids. A cet effet, le système auquel on a recours le plus habituellement consiste en un levier à bras inégaux dont l'un supporte la tourelle, tandis qu'à l'autre est rattaché le contrepoids suffisant pour faire équilibre ; on n'a donc à vaincre qu'une résistance très-faible pour faire osciller le levier et par suite faire monter ou descendre la tourelle.

*Cuirassement mobile.* La tourelle étant à éclipse verticale,[1] son cuirassement mobile se composera d'une calotte sphérique en fer laminé, qui, étant la seule partie vulnérable pendant la période prolongée du bombardement de l'ouvrage dont fait partie la tourelle, devra recevoir une épaisseur suffisante pour résister au tir en bombe des plus gros projectiles de l'attaque, le seul véritablement à

_______________

[1] On pourrait aussi recourir pour ces engins au type oscillant du Commandant Mougin, à la condition que la manœuvre de mise en batterie en soit suffisamment rapide.

craindre. Il nous semble donc nécessaire de donner à cette calotte de 0m,25 à 0m,30 d'épaisseur. Cette calotte renforcée intérieurement par un doublage en tôle, repose sur une muraille cylindrique qui ne sera exposée aux vues et aux coups de l'ennemi que pendant la lutte rapprochée, en particulier au moment d'un assaut ; dans cette période, devant émerger un certain temps au-dessus du parapet qui l'entoure, de façon à agir par son tir rapide sur les troupes mobiles, elle sera surtout en butte au tir direct des canons de campagne, ou tout au moins d'assez faible calibre qui accompagnent ces troupes. Il suffira donc de lui donner de 0m,20 à 0m,25 d'épaisseur dans la partie la plus exposée aux coups, c'est-à-dire de celle voisine des embrasures. On pourra d'ailleurs se contenter d'environ 0m,15 d'épaisseur dans la partie diamétralement opposée aux embrasures. On pourra ainsi être amené à adopter au point de vue économique un profil variable ; dès lors l'emploi d'un métal coulé paraîtra avantageux.

Quant au diamètre de la tourelle, il dépendra de la nature de l'armement employé et de son mode d'organisation. Il suffira en général de donner à la calotte sphérique 2m,50 à 3m de diamètre extérieur pour l'installation de 2 canons à tir rapide de 57m/m et 1m,80 à 2m pour celle de 2 mitrailleuses. Dans le 1er cas, la chambre à canons aurait environ 2m à 2m,50 de diamètre et une hauteur de 1m,80 à 2m.

<table><tr><td>Charpente métallique<br>et pivot.</td><td>L'ensemble du cuirassement mobile reposera sur un caisson cylindrique en tôle, guidé dans son mouvement par une première couronne de centrage, fixée à la maçonnerie du puits. Ce caisson</td></tr></table>

sera supporté par une série de poutres métalliques servant d'ossature à une plateforme horizontale et reposant sur la partie supérieure d'un tube-support. Celui-ci sera prolongé par un pivot, maintenu verticalement par une couronne de centrage inférieure et en rotation avec le levier d'équilibre par l'intermédiaire d'une béquille à rotule.

*Mouvement d'ascension ou d'éclipse* — Le mouvement d'ascension ou d'éclipse s'obtient par la manœuvre du levier d'équilibre, en faisant élever ou abaisser l'extrémité du bras auquel est rattaché le pivot de la tourelle.

Quelques hommes, agissant au moyen de manivelles sur un mécanisme de transmission variable suffisent pour relever ou abaisser le contrepoids et faire mouvoir le levier dans un sens ou dans l'autre.

La course d'ascension ou d'éclipse à produire est en général d'environ une trentaine de centimètres, elle pourra être obtenue facilement à bras d'hommes en quelques secondes. Il importe que la tourelle reste calée dans ses 2 positions.

*Rotation de la tourelle.* — Pour produire la rotation de la tourelle, on aura recours au double dispositif de mouvement rapide et lent (l'un pour dégrossir, l'autre pour finir le pointage en direction (1), déjà préconisé dans le cas de tourelles à éclipse pour canons de gros calibre ; il comportera un mécanisme analogue.

*Avant-cuirasse.* — L'avant-cuirasse qui sera de préférence en fer laminé, et pourra par économie être en acier coulé et même à la rigueur en fonte dure, aura le profil fuyant habituel, avec

---

(1) Le dernier sera à la disposition du pointeur.

une épaisseur de 0m.40 à la partie supérieure; il suffira que son enfoncement en dessous de la plongée ou béton atteigne environ 1m à 1m.20. A l'état d'attente ou de repos, la calotte de la tourelle reposera avec avantage sur l'avant-cuirasse, qu'elle recouvrira de façon à obturer complètement le jeu ou fossé et à empêcher ainsi l'introduction de débris de toutes sortes susceptibles de coincer le cuirassement.

Armement.

L'armement comportera généralement deux pièces plutôt qu'une seule, à la fois par raison d'économie et pour doubler l'action de la tourelle sur un même point. Ces pièces seront, suivant les cas, soit des canons à tir rapide de 57m/m ou de 47m/m etc., soit des mitrailleuses; leur chargement et leur manœuvre devra s'effectuer avec la plus grande rapidité. [1]

Les objectifs sur lesquels elles auront à tirer étant le plus souvent des buts mobiles, leur pointage pour être rapide sera exclusivement du pointage direct, et s'effectuera avantageusement au moyen d'un tube-viseur placé entre les deux canons et relié à ceux-ci de telle sorte qu'en pointant ce tube-viseur, les pièces se trouvent elles-mêmes pointées à la fois en direction et en hauteur.

Ces pièces ne devront d'ailleurs faire aucune saillie sur la surface extérieure du cuirassement.

La rotation s'effectuera exactement autour d'un point situé dans l'embrasure qui devra être à obturation complète. A cet effet, on aura recours, comme dans le cas des grosses

[1] Voir dans la Revue d'Artillerie, tome 35, la description de l'Artillerie de petit calibre de la Société Maxim-Nordenfeld et en particulier celle des canons et mitrailleuses automatiques Maxim.

tourelles, à un obturateur formé d'un manchon à rotule sphérique indépendant, dans lequel coulissera la volée du canon.

Les canons seront montés sur affûts munis de freins hydrauliques limitant le recul, avec retour automatique en batterie. Pour les mitrailleuses, on pourra supprimer tout frein, et adopter, ainsi que pour le tube-viseur, le mode d'obturation employé dans le cas des canons sans recul, c'est-à-dire la rotule sphérique obturatrice invariablement ajustée sur la volée et encastrée dans l'embrasure.

Les affûts seront articulés dans les deux sens, horizontal et vertical au moyen de parallélogrammes, et reliés entre eux et au viseur de telle sorte qu'ils participent à tous les mouvements de ce dernier. Dans ces conditions, le pointeur, placé entre les deux canons, ayant son œil placé du viseur n'aura qu'à pointer celui-ci sur un but déterminé, (et cela simplement à l'aide de 2 volants qu'il aura sous la main, l'un pour la direction, et l'autre pour l'inclinaison) et les canons se trouveront pointés tous les deux à la fois sur ce même objectif.

Cette disposition permettra ainsi de suivre constamment les buts mobiles dans leurs déplacements angulaires ne dépassant pas une certaine amplitude (une dizaine de degrés par exemple) et cela sans être obligé de faire tourner la tourelle.

Le service des munitions sera facilité par des monte-charges équilibrés que l'on pourra facilement installer à l'intérieur du tube-support et qui amèneront à pied-d'œuvre les cartouches ou munitions confectionnées.[1]

Pour l'observation latérale du terrain, pendant que la

---

[1] En raison de la rapidité du tir des pièces, l'emploi de norias, comme monte-charges, paraît avantageux pour assurer le remplacement continu des munitions. On se préoccupera également de l'évacuation des étuis de cartouches vides. On les recueillant, par exemple, au moment de leur éjection de la culasse, dans une gaine ou toile qui les fera tomber dans l'étage inférieur.

tourelle sera dans la position de tir, il sera avantageux de pratiquer dans la muraille cylindrique du cuirassement deux petites ouvertures, respectivement à gauche et à droite des pièces ; dans le cas d'une tourelle de 3ᵐ de diamètre extérieur pour deux canons à tir rapide, il sera possible de ménager en outre, du côté diamétralement opposé au viseur une ouverture spéciale destinée à recevoir soit une lunette d'observation,[1] soit une mitrailleuse portative. Ces orifices pourront d'ailleurs se fermer par des obturateurs, simples bouchons à vis que l'on débouchera quand il y aura lieu.[2]

Parapet en béton et Substructions.

La tourelle sera entourée d'un massif en béton en forme de parapet, auquel il conviendra de donner une épaisseur minimum d'environ 2ᵐ50, normalement à la plongée et horizontalement une largeur de 4 à 5 mètres ; ces dimensions nous paraissent suffisantes pour empêcher les affouillements par le bombardement. Ce massif se terminera à l'avant par des surfaces fuyantes, et sera précédé d'un parapet de 6ᵐ d'épaisseur entièrement en sable, ou, à défaut, en sable et rocailles, dans lequel il sera enraciné de 4 mètres environ de profondeur.

Sous ce massif seront organisés en forme de galerie annulaire les locaux servant soit de magasins aux munitions, soit de logements pour le personnel. (Voir figure 11).

Deux canons Nordenfeld de 57ᵐ/ᵐ ainsi installés pourront tirer chacun de 25 à 30 coups par minute ; une mitrailleuse

---

[1] Ce qui permettrait d'utiliser la tourelle comme observatoire pour le tir à grande distance.
[2] Il pourrait être avantageux dans le cas des tourelles à éclipse pour canons de gros calibre, de ménager un ou plusieurs orifices analogues ; on ne les déboucherait qu'en cas de besoin pour observer au dehors.

automatique système Maxim, tirant la cartouche à balle de 11m/m, permettra d'obtenir une vitesse de 500 à 600 coups par minute.

## §5.– Observatoire cuirassé à éclipse.

Pour apprécier et rectifier les effets du tir, surtout du tir indirect, et pour surveiller les abords des ouvrages dans la dernière période du siège, il est indispensable de recourir à des observatoires.[1] Quand on les établit dans les ouvrages eux-mêmes, il peut parfois être nécessaire, notamment dans le cas de forts isolés, de les constituer très-solidement, de façon à assurer leur conservation jusqu'à la limite de résistance de l'ouvrage et tout particulièrement de son armement sous tourelles. Un pareil observatoire sera cuirassé contre les feux directs et plongeants de la grosse artillerie de l'attaque; pour le rendre moins vulnérable, il sera à éclipse verticale.[2] Son organisation se rapprochera beaucoup de celle d'une tourelle pour canons à tir rapide; mais les dimensions en seront notablement moindres. Le diamètre intérieur pourra être réduit à environ 1 mètre. Il conviendra de donner au blindage une épaisseur de 0m,25 à 0m,30.

À titre d'exemple, nous donnons (fig. 12) un type d'observatoire présenté par le Commandant Mougin. Dans ce système, la disposition des organes est telle qu'un seul homme

[1] Voir 2e Partie un type de guérite blindée contre les éclats de projectiles.
[2] Peut-être pourrait-on adapter également à ces observatoires un type de cuirassement oscillant.

assis sur le siège mobile S puisse, tout en observant, produire la rotation de la tourelle au moyen du volant V. Le mouvement d'éclipse est effectué de l'extérieur, par un servant auxiliaire agissant sur la manivelle M.

L'observation se fait d'une manière normale au moyen d'un trou de visée A percé dans la paroi verticale de la cuirasse. Elle peut encore se faire à la position d'éclipse, au moyen d'appareils réfléchissants, par une ouverture B, ménagée au sommet du blindage supérieur.

## § 6. — Tourelles transportables pour pièces légères à tir rapide[1]
### (Figures 13).

Nous terminerons l'étude des divers cuirassements présentés après 1885 par la description sommaire d'un type de tourelle transportable, ou affût cuirassé mobile pour canon léger à tir rapide[2] imaginé par le major Schumann et construit par l'usine Grüson, sur lequel il nous paraît intéressant d'appeler l'attention. Diverses propositions ont, en effet, été faites dans ces dernières années pour utiliser de semblables engins non-seulement dans la guerre de campagne[3], mais encore dans la guerre de siège,

---

[1] Les renseignements qui suivent sont tirés d'un article inséré dans la Revue d'Artillerie, tome 35, livraison de Mars 1890.

[2] Le vrai nom donné par l'inventeur est celui de : cuirassement de tranchée-abri.

[3] Tourelles de ce genre ont été expérimentées en Allemagne aux Grandes Manœuvres impériales de 1889. Le Général von Sauer, d'accord avec le Major Schumann et le Major Scheibert, paraît accorder à ces engins une importance de plus en plus grande. Le Maréchal de Moltke, au contraire, s'était, dit-on, déclaré leur adversaire décidé,

particulièrement pour constituer des centres de résistance pour ainsi dire improvisés, destinés à servir de points d'appui dans l'organisation des positions défensives d'une Place. Les engins ainsi construits sont de dispositions identiques, mais de dimensions différentes, suivant qu'ils sont armés d'un canon à tir rapide de 37$^{m/m}$ ou de 53$^{m/m}$.

La tourelle transportable se compose d'une tour cylindrique en tôle fermée à sa partie inférieure par un plancher métallique et munie d'une porte d'accès K ; elle est surmontée d'un toit en acier A, de 25$^{m/m}$ d'épaisseur en forme de calotte sphérique. La paroi cylindrique est renforcée à sa partie supérieure par un anneau C de 25$^{m/m}$ en fer forgé ; elle est destinée à être adossée à un parapet en terre. Le toit est mobile : il repose par l'intermédiaire de trois branches formant supports sur une colonne centrale B, dont l'extrémité inférieure, en forme de pivot, peut tourner dans une crapaudine circulaire fixée au plancher et dont le contour extérieur est denté.

Le mouvement de rotation de la toiture est obtenu au moyen d'un volant D, sur l'axe duquel est monté un pignon qui engrène avec les dents de la crapaudine. L'axe du volant traverse les bras E et F calés sur la colonne B ; cet axe peut être immobilisé dans son logement supérieur lorsqu'on veut tirer sur un but fixe.

Les flasques G qui reçoivent les tourillons de la pièce sont reliés

---

les traitant de « joujoux et de chefs d'œuvre d'horlogerie qu'un rien dérange et dont on ne peut se servir longtemps ».

Il conviendrait de se fixer par des expériences directes sur le degré de stabilité et de résistance de ces engins sous l'action notamment d'un bombardement d'obus-torpilles.

invariablement au toit, de sorte que le recul est complètement supprimé. Au moment du départ du coup, la toiture oscille légèrement; mais le centre de gravité du système est placé de telle façon qu'elle se redresse aussitôt.

Le servant, chargé de manœuvrer la pièce, s'assied sur le siège H; il pointe par l'embrasure; mais lorsque, par une rotation de 180°, il a soustrait celle-ci aux coups directs de l'ennemi, il peut observer le terrain par une fenêtre I percée dans le toit et pourvue d'un volet.

L'appareil de pointage en hauteur se compose d'une vis manœuvrée à l'aide du volant M. Les angles limites sont −5° et + 10°. A l'intérieur de la tour se trouvent des caisses à munitions soit disposées sur des rayons, soit accrochées à un rail circulaire, de façon à pouvoir les avancer au fur et à mesure à portée du servant de la pièce. Lorsqu'une de ces caisses est vide, celui-ci la décroche et la passe au pourvoyeur placé à l'entrée, qui la remplit aussitôt.

L'approvisionnement est de 160 coups de 37ᵐ/ᵐ ou de 130 coups de 53ᵐ/ᵐ [1]. Deux hommes font à tour de rôle, l'un le service de servant pour le chargement, le pointage et la mise du feu; l'autre celui de pourvoyeur.

Pour les transports, la tourelle est placée sur un véhicule à deux roues, de construction spéciale, attelé à 6 chevaux. L'essieu est recourbé deux fois à angle droit, de manière à diminuer la hauteur de la voiture. Sur l'essieu et au cadre du véhicule sont fixés deux bouts de rail, de 2ᵐ environ sur lesquels repose la tourelle par l'intermédiaire de 4 roulettes I. A la voiture sont suspendus deux autres bouts de rail que l'on dispose sur le sol, dans le prolongement des premiers, à l'emplacement que doit

---

[1] On fait usage de gargousses métalliques : la charge de poudre est renfermée dans un étui en laiton fixé au culot du projectile.

occuper la tourelle, lorsqu'on veut faire descendre celle-ci de son chariot. On noie ensuite la tourelle dans un massif de terre au-dessus duquel émergent le toit et la volée du canon. Cette manœuvre exigerait de 20 à 30 hommes[1].

Le toit est à l'épreuve des balles et des éclats; mais il serait traversé par un projectile arrivant de plein fouet. Comme il n'offre d'ailleurs à l'Artillerie ennemie qu'un but de faibles dimensions[2], il a peu de chance d'être atteint directement par un projectile. D'après le Gal Brialmont, le Major Schumann aurait émis l'avis qu'il suffirait de donner à la calotte en acier $30^{m/m}$ d'épaisseur et à l'anneau en fer forgé $50^{m/m}$, sur le secteur exposé aux coups, pour que le cuirassement pût résister aux obus de campagne et aux projectiles des mortiers de 15 $^{c/m}$.

Le poids total de la tourelle (y compris la bouche à feu) est de 1500 Kg. pour le calibre de $37^{m/m}$ et de 2600 Kg. environ pour celui de $53^{m/m}$. Le poids du chariot est de 540 Kg. dans le premier cas, et de 690 Kgr. dans le second. La zone d'action attribuée aux tourelles est respectivement de $2500^m$ et de $3200^m$ pour le tir à obus, de $300^m$ et de $400^m$ pour le tir à mitraille. La vitesse du tir est d'environ 30 à 40 coups par minute.

---

[1] D'après la Revue d'Artillerie, (tome 37, livraison de Décembre 1890) cette manœuvre aurait été exécutée par 8 hommes seulement, dans les dernières expériences faites à l'usine Grüson, en Juillet et Septembre 1890.

Dans ces expériences, on a mis en outre à l'essai un type de tourelle pour canon de $57^{m/m}$ à tir rapide, qui n'aurait demandé que 16 minutes pour être disposée à son emplacement, et 4 minutes pour en être enlevée et remontée sur son chariot; son poids était de 2900 Kgr., chariot compris.

[2] La tourelle pour canon de $37^{m/m}$ à environ $1^m 30$ de diamètre intérieur.

# 2ᵉ Partie. — 3ᵉ Section.

# Table des Matières.

# Chapitre 2. — Des Cuirassements après 1885.

www.ingramcontent.com/pod-product-compliance
Lightning Source LLC
LaVergne TN
LVHW050834200726
843507LV00001B/289